基于“新国标”的新工科产教融合人才培养模式研究

JIYU XINGUOBIAO DE XINGONGKE CHANJIAO RONGHE RENCAI PEIYANG MOSHI YANJIU

孙博玲　著

中国纺织出版社有限公司

内 容 提 要

产教融合是实现校企双赢、全面提升教学质量的重要手段和有效途径，是高校教育价值、社会价值和经济价值的集中体现。本书从产教融合、新工科建设的角度，运用高等教育理论和新工科建设理念，分析了我国工科人才培养现状和存在的问题，帮助高校建立和有效实施新工科专业人才培养质量管理体系，为我国本科高校培养应用型人才提供参考意见。

本书可供高等教育行政管理人员和高等学校的相关管理人员及高等学校教师等参考、阅读。

图书在版编目(CIP)数据

基于“新国标”的新工科产教融合人才培养模式研究 / 孙博玲著 . -- 北京 : 中国纺织出版社有限公司, 2021.1 (2024.3重印)
ISBN 978-7-5180-8156-1

Ⅰ. ①基… Ⅱ. ①孙… Ⅲ. ①高等学校—工科(教育)—人才培养—研究 Ⅳ. ①G649.2

中国版本图书馆 CIP 数据核字(2020)第 218315 号

责任编辑：孔会云　　特约编辑：陈怡晓　　责任校对：王花妮
责任印制：何　建

中国纺织出版社有限公司出版发行
地址：北京市朝阳区百子湾东里 A407 号楼　邮政编码：100124
销售电话：010—67004422　传真：010—87155801
http://www.c-textilep.com
中国纺织出版社天猫旗舰店
官方微博 http://weibo.com/2119887771
北京兰星球彩色印刷有限公司印刷　各地新华书店经销
2021 年 1 月第 1 版　2024 年 3 月第 2 次印刷
开本：710×1000　1/16　印张：13.25
字数：196 千字　定价：88.00 元

前 言

产教融合是实现校企“双赢”、全面提升教学质量的重要手段和有效途径，是高等职业院校教育价值、社会价值和经济价值的集中体现。通过完善制度建设、优化课程设置、创新办学模式、打造双师团队、提高企业认识等，可以助推高等职业院校产教融合科学模式的构建与实施。

新工科建设的目标是到2020年，探索形成新工科建设模式，主动适应新技术、新产业、新经济发展；到2030年，形成中国特色、世界一流的工程教育体系，有力支撑国家创新发展；到2050年，形成领跑全球工程教育的中国模式，建成工程教育强国，成为世界工程创新中心和人才高地，为实现中华民族伟大复兴的中国梦奠定坚实基础。

本书是根据作者多年的教学实践经验，采用新工科建设的先进理念，对新工科的人才培养模式进行了深入研究和探索而编成的。本书共八章，主要介绍了新工科建设、产教融合的理论基础、产教融合培养人才的实施策略、新工科产教融合人才培养模式、产教融合创新创业人才培养的政策环境、高校“三深四融”新工科校企协同创新人才培养体系的构建与实践、新工科专业人才培养质量管理基础和创新创业人才培养体系构建。

项目名称：基于“新国标”的地方本科院校新工科专业产教融合人才培养模式研究。课题编号：SJGY20190397。

本书在编写过程中参考了许多优秀文献，在此谨向这些作者表示衷心的感谢。由于作者能力有限，书中难免存在不足之处，敬请广大读者批评指正。

作者

2020年

目录

第一章
新工科建设

“卓越工程师教育培养计划”(简称“卓越计划”)是教育部贯彻落实《国家中长期教育改革和发展规划纲要(2010—2020 年)》和《国家中长期人才发展规划纲要(2010—2020 年)》的重大改革项目,也是促进我国由工程教育大国迈向工程教育强国的重大举措。“卓越计划”旨在培养造就一大批创新能力强、适应经济社会发展需要的高质量各类型工程技术人才,为国家走新型工业化发展道路、建设创新型国家和人才强国战略服务,对促进高等教育面向社会需求培养人才,全面提高工程教育人才培养质量具有十分重要的示范和引导作用。[1]

“卓越计划”是为了贯彻落实国家教育改革发展规划纲要以及一系列战略部署而提出的一项高等教育重大改革计划,目前覆盖全国省市 30 个、高校 208 所、本科专业点 1257 个、本科生 20 余万、研究生专业点 514 个、参与研究生近 4 万。“卓越计划”自 2010 年启动以来,在校企合作教育、人才培养模式改革、工程教育面向世界和工科教师队伍建设等方面取得了令人瞩目的成果,部分高校毕业生就业率已经达到 100%,学生的综合素质、实践能力和创新能力得到明显提高。“卓越计划”的实施不仅对我国工程教育改革起到了引领作用,同时也为我国高等教育改革起到重要的示范和推动作用,同时国际工程教育界也对“卓越计划”引起了密切关注。

新工科建设是一项持续深化工程教育改革的重大行动计划。主要是为了应对新经济的挑战,服务国家战略、满足产业需求和面向未来发展的高度,在“卓越计划”的基础上提出的。以新产业、新技术、新业态和新模式为特征的新经济的蓬勃发展,我国产业转型升级和新旧动能转换,国家一系列重大战略的

---

[1] 林健.“卓越工程师教育培养计划”专业培养方案再研究[J].高等工程教育,2011(4):11.

实施，我国未来全球竞争力的提升等，均对工程人才培养提出了更高的新的要求，要求面向世界、面向未来、面向产业建设新工科。实际上，新工科建设是在“卓越计划”已经取得的工程教育改革成果的基础上，转变和调整学科专业建设思路，从适应产业需要转向引领未来发展和满足产业需要并重，提升和拓展工程教育改革内涵，将工程教育改革提升到未来发展和国家战略的高度、拓展到多学科交叉领域，按照这种新的工程教育改革内涵和新的学科专业建设思路，继续深入实施“卓越计划”。

新工科建设从 8 个方面对“卓越计划”的内涵进行加强和丰富，包括教育教学新理念、学科专业新结构、学科专业新建设、人才培养新模式、多方合作系统育人教育、实践创新创业新平台、师资队伍建设和人才培养新质量。❶

第一节　教育教学新理念

理念引导行动，随着高等教育在经济社会发展中责任的加大和角色的转变，高等学校的教育教学理念需要及时调整和更新，在新工科建设的整个过程中，高校的具体行动需要有新理念来引导，归纳起来，有以下 4 个理念。

一、服务国家战略

新工科建设的出发点就是主动服务国家提出的一系列重大战略。为了实现中国梦的总目标，国家提出了“四个全面”的战略布局、“五位一体”的总体布局、“创新、协调、绿色、开放、共享”的新发展理念以及“一带一路”、创新驱动发展、“中国制造 2025”“互联网＋”等重大战略。新工科建设就是要根据实现这些国家重大战略的不同需要，主动设置、布局、建设和发展相关新工科专业，培养各种类型和层次的卓越工程科技人才。

二、引领未来发展

新工科建设的新起点就是引领产业行业未来发展。一方面，新工科建设通过对行业产业未来发展环境和当前发展状况的战略性分析，及时调整相关学科

---

❶林健．面向未来的新工科建设[J].天津中德应用技术大学学报，2017(4)：14-15.

建设方向和专业结构，以此作为新起点，提前培养各类卓越工程科技人才，引领当前行业产业的未来发展；另一方面，新工科建设通过应用理科向工科延伸、以多学科交叉融合等形式，培育未来工程科技人才，孕育产生新的工科专业，促进新产业的形成并引领未来产业和工科的发展。

三、对接产业行业

新工科建设的落脚点就是主动对接并满足行业和产业的需求。产业结构的转型升级和调整，新的产业形态和新兴产业的出现，新旧增长动能的转换等，均急需培养一大批各种类型和层次的卓越工程科技人才，这正是新工科建设的目标所在。新工科建设就必须通过充分的产业和市场调研、分析和预测，积极应对产业的发展和变化，主动培养当前及未来行业和产业急需的工程人才。

四、以学生为中心

新工科建设的最终目的就是培养各种类型和层次的卓越工程科技人才，因此，必须把以学生为中心的理念贯穿于人才培养的全过程。这一理念强调学生的未来发展和学习成效，要求围绕着学生的兴趣、潜力和个性开展教育教学工作，既要培养学生的兴趣爱好，激发其探索未知的热情；又要挖掘学生的潜力，为其未来发展铺路搭桥；更要了解学生的个性特征，因材施教。只有这样，才能够培养出满足新经济发展和需要的既能创新、还有潜力、又有个性的卓越工程科技人才。

第二节　学科专业结构

按照学科专业的构成要素和产生或形成的基础划分，新工科的学科专业可以分为新兴学科专业、新型学科专业和新生学科专业 3 种类型，具有引领性、创新性、交融性、发展性和跨界性等几个特征，这 3 类学科专业构成了新工科学科专业的基本结构。

一、新兴学科专业

新兴学科专业是指前所未有的、全新出现的新的学科专业，主要指从其他非工科的学科门类，尤其是应用理科等一些基础学科，孕育、延伸和拓展出来的面向未来新产业和新技术发展的学科专业。说明了以理科为代表的基础学科在发展新兴产业、引领未来技术以及建设和形成新兴学科专业上的重要作用，因此，需要探索理科在技术前沿的应用，推动应用理科向工科延伸，促进应用理科与其他学科领域交叉融合。

二、新型学科专业

新型学科专业是指为了满足传统产业转型、改造和升级，以及对培养相应的工程人才的需要，对传统的、现有的学科专业进行转型、改造和升级而形成的新的学科专业。对传统和现有学科专业的转型升级是基于新经济对传统工科专业人才培养的新要求，尤其是人工智能、大数据、云计算、物联网等。新技术对传统和现有的学科专业的影响，需要从两方面探索，这些学科专业转型、改造和升级的途径和方式：一是传统工科专业的信息化、数字化和智能化；二是其他学科对传统工科专业的介入渗透。

三、新生学科专业

新生学科专业是指为了满足产业未来和当前发展需要，对培养引领未来技术和产业发展的人才的需要，由工程学科与其他学科的交叉融合或由不同工程学科的交叉复合而产生的新的学科专业。现代产业发展的趋势就是不同工科的交叉复合，工科与管理、理科、经济、医学、人文、新闻、法律等其他学科的交融是现代产业发展的需要。制定专业培养标准和培养方案，优化和重组课程体系和教学内容，建设双师教师队伍以及构建实践创新教育教学体系是新生学科专业的建设重点。

第三节　学科专业建设

在学科专业建设上，新工科在“卓越计划”基础上的拓展主要有 3 方面：一是更加聚焦新工科建设目标；二是需要有新工科新型的学科专业建设平台；三是需要建立新工科学科专业动态调整机制。

一、学科专业建设目标

工程学科应当承担的国家经济社会发展的重大使命，新工科专业建设及其人才培养是新工科建设和发展的重要落脚点。因此，新工科学科专业建设的主要目标可以表述为："主动布局、设置和建设服务国家战略、满足产业需求、面向未来发展的工程学科与专业，培养造就一批具有创新创业能力、动态适应能力、高素质的各类交叉复合型新工科工程科技人才"。

总而言之，对于上述 3 类新工科学科专业建设，需要注重大数据、云计算、人工智能、物联网、虚拟现实、核技术、基因工程等新技术和智能制造、集成电路、生物医药、空天海洋、新材料等新产业对新工科工程科技人才的变化趋势及需求状况。

二、学科专业建设平台

一般传统的院系实体模式是"卓越计划"的学科专业建设平台，而新工科学科专业建设平台还可以是非实体模式。

实体模式是指按照传统的院系，设立实际院系、创建新的工程学科和专业，其管理方式、内部结构和运行模式是人们所熟悉的。

非实体模式是指一种新型的学科专业组织机构，按照新工科专业交叉融合的特征和构成要素，由相关院系、学科和专业的教师和校外企业兼职教师，根据学科专业发展需要组成。在非实体模式中，教师的人事关系在原单位，只是根据需要在彼此之间建立起工作上的合作关系。

采取非实体模式，可以提升学科专业建设的建设速度。搭建学科专业建设平台，选择的模式取决于新学科专业的性质特征和发展阶段。在学科专业建设初期和形成阶段，如果是由较多学科专业交叉融合形成的新学科专业，加入非实体机构难以依托在一个实体院系上，建立实体机构，是非常有利于新学科专业的建设和发展的。

学科专业建设平台还可以与校外科研院所、产业部门行业企业等，本着资源共享、优势互补、互惠双赢的原则共同搭建，如成立产业化学院、大数据学院等，这样既有利于充分利用各种社会资源，又有利于与合作方共同开展学科专业建设。

三、学科专业动态调整机制

新工科建设的目标及其理念使其非常需要建立学科专业动态调整机制。一方面，由于新经济的快速发展，新产业、新技术、新模式、新业态的调整和迭代的周期将不断缩短，新工科专业及其人才培养的要求的不断变化，将成为常态；另一方面，由于开放的高等教育人才市场竞争在全球范围内日趋激烈，高校必须不间断地分析本校新工科专业在人才市场上的机遇和挑战、优势和不足，明确新工科专业建设的方向。因此，高校必须建立提升专业竞争力和面向产业发展的新工科学科专业的动态调整机制。

学科专业的动态调整需要做好以下 3 个方面的工作。

(1)高校必须聚焦服务面向区域，研究当前行业产业发展的规律和特征，预测未来行业产业发展趋势和方向，以准确把握行业产业未来和当前发展对工程人才需求的动态变化。

(2)高校必须不断开展新工科专业建设和人才培养的内部条件和外部宏观环境分析，以明确新工科学科专业在市场竞争中的状况和地位。

(3)及时更新新工科学科专业设置，完善或修改人才培养目标、方向、标准、模式、方案以及课程体系和教学内容等，从而保证所培养的工程科技人才超前于国家和产业发展对新工科人才的需求。

第四节 人才培养模式

为了对新工科建设的教育教学理念进行落实，为了满足产业对人才个性化、多样化和动态变化的需求，在人才培养模式改革上新工科建设有新的要求，重点在专业培养方案、教育教学方式和课程体系和教学内容上。

一、制定柔性化的多学科交融的专业人才培养方案

新工科专业培养方案是对卓越工程人才从专业培养角度培养提出的系统完整的具体要求和实施措施，要反映参与高校对新工科创新理念的理解和落实，包括培养目标、培养标准、标准细化、课程体系改革重组、教学内容更新、教学方法改革、培养标准实现矩阵、企业培养方案、教学计划、教师队伍、质量保障

体系等。在此基础上，新工科专业的培养方案要强调柔性化和多学科交融。

多学科交叉融合是新工科专业最主要的特征之一，每个新工科专业制定的专业培养方案要能支持本专业人才培养目标实现的多学科交叉融合。制定专业培养方案，需要重点从以下6个方面着手。

(1)要提出本专业具有多学科交融特征的人才培养目标，需要在新工科学科专业建设的主要目标基础上进行。

(2)制定落实人才培养目标的专业培养标准，需要具有清晰具体的体现多学科交叉融合的特征。

(3)明确课程目标、设置课程、建立课程体系、组织和选择支持课程目标实现的课程内容需要根据专业人才培养标准的要求进行。

(4)采取的教学方式要与多学科交融教学内容相适应。

(5)制订具体的教学计划。

(6)确定的质量评价方式要能够有效衡量专业培养标准实现情况。

新工科专业的培养方案的柔性化是动态变化的产业发展、多样化的未来人才需求以及个性化的人才培养等的必然要求。专业培养方案的柔性化主要表现在以下两个方面。

(1)用同一方案能够培养出不同类型的卓越工程师后备人才，如通过专业方向的选择、课程的组合和培养计划的制订可以培养出企业工程师、技术工程师或社会工程师等后备人才。

(2)允许学生根据自己的职业规划和专业兴趣自主制定培养计划、组合课程、构建新专业，以充分发挥学生的特长和天赋，实现真正的个性化的人才培养。柔性化的专业培养方案需要的不仅要有丰富多样的教学资源和课程，包括允许学生自主选择全校范围内的课程，还需要有专业教师的指导和支持。

二、改革课程体系和教学内容

新工科对课程体系的优化和改革重组、课程体系的模块化以及教学内容的改革和更新等，都提出了可操作的方法和措施以及具体明确的基本原理，需要在新工科建设过程中继续落实。

对新工科专业卓越工程科技人才在能力、知识和素质上更高的要求和新工科专业的多学科交叉融合的特征，在课程体系和教学内容改革方面需要做好以下3个方面的工作。

(1)注重通识教育对专业教育的支撑作用和基础,整合优化和重组通识教育课程体系,以支持开展多学科交叉融合的专业教育。

(2)注重新的专业课程的建设要体现多学科交叉融合,以培养学生的跨界整合能力和跨学科思维。

(3)注重将相关学科交叉知识、方法和原理以及新工科学科前沿知识融入专业教育课程体系,开阔学生视野,培养学生的未来适应能力。

三、创新教育教学方法

新工科大力推行基于项目的参与式学习、基于案例的讨论式学习和基于问题的探究式学习等研究性学习方法,对于学生工程能力的培养和提高、知识的应用、创新和获取、综合素质的养成和提升以及社会能力的培养和提高具有明显的成效。

随着"互联网+"、优质在线教育资源和信息技术的发展,为创新工程教育教学方法创造了非常好的条件,在新工科专业人才培养中需要充分利用。

首先,在"互联网+"环境下,充分运用各种在线优质教育资源,如MOOC、SPOC等,将混合式教学等教学方式与研究性学习相结合,翻转课堂,以最大限度地发挥课内课外、线上线下以及教师学生在教与学上的作用。其次,充分运用3D网络环境、VR技术、人工智能等信息技术,支持研究性学习,通过身临其境、增强信息、加深理解等方式提高研究性学习的教学效果和学习效率。

第五节　多方合作教育

合作教育对新工科人才培养至关重要,合作教育主要指校企合作,它不仅是新工科的基本原则和主要特点,也是新工科成功的关键。新工科建设拓展校外合作教育到政产学研合作教育、增加校内的跨学科专业合作教育、提升国际合作教育的内涵。

一、政产学研合作教育

根据学科专业的特征来分析,政产学研分别是工程教育不同的利益主体,因此，新工科专业在校外的合作教育必须从单纯的校企双方合作，拓展到以校企合作为主，并加强与研究院所和政府的合作，形成政产学研多方合作协同育人。

政府通过政策措施影响着全国各地的产业发展规模、布局、方向、结构和速度。高校与政府开展合作教育有两方面的作用：一是通过培养产业需要的工程人才来支持政府产业政策措施的贯穿落实，促进产业的发展；二是通过引领未来产业发展方向和未来工科学科专业的建设来支持政府产业政策措施的制定。

在工程人才培养上，产业或企业的重要作用主要在于，具备高校所没有的以下条件。

(1)能够准确把握社会对工程人才要求。

(2)拥有最先进的制造技术和生产设备。

(3)拥有一批具有丰富经验的工程技术人员。

(4)具有真实的创新和工程实践环境。

(5)拥有先进完整的企业文化和相应学习氛围。

正是由于企业这些优势，高校与产业或企业开展合作教育才显得尤为重要。

与新产业相关的科研院所，具备发展新产业和研究新技术的研究人员、环境条件和技术设备，为新产业的未来发展积累了相关的资料信息并有深入的研究。这些都是新工科学科专业建设所必需的，也有利于新工科专业科技人才的培养，这也正是高校与科研院所开展合作教育协同育人的目的所在。

总而言之，政产学研合作教育协同育人的主要目标是：争取各种社会教育资源，协调多方利益主体的关系，构建校企合作、产学融合、科教结合、政校协同的新工科专业多方协同育人模式和多主体参与的卓越工程科教人才培养共同体。

二、跨学科专业合作教育

跨学科专业合作教育指的是：在新工科学科专业建设平台上，为了培养新工科专业卓越工程科技人才，相关院系和学科专业开展的合作教育教学活动。

不管学科专业建设平台采取的是非实体还是实体模式，新工科建设仍需开展跨学科专业合作教育，这是新工科交融性特点所决定的。跨学科专业合作教育的开展需要做好以下 5 个方面的工作。

(1)合作对象的选择。主要考虑与新工科专业构成要素有关系的院系、学科和专业,涉及自然科学、工程学科、数学、社会学科和人文学科等多个领域。

(2)合作关系的建立。打破不同学科领域固有的界限,建立合作团队和合作方式,形成体现多学科交叉融合的人才培养合作模式。

(3)合作内容的确定。主要包括跨学科专业教师队伍的建设、跨学科专业的课程建设、跨学科专业的合作学习、解决复杂工程问题的能力的培养等。

(4)教育资源的共享。基于可持续发展和资源共享的原则,建立跨学科、跨专业、跨院系的教育教学资源的共享、整合和发展机制,既提高资源的共同使用效率,又保证资源的不断更新发展。

(5)政策制度的建设。学校需要制定政策和形成制度,从管理模式、组织保障、任务要求、经费投入和考核评价等方面保障、支持和激励跨学科合作教育教学活动的开展并取得实质性的显著成效。

三、国际合作教育

国际合作教育由国际产学研合作教育和国际合作办学两部分组成。在开展新工科专业建设过程中,高校可能要面临 3 方面的主要问题和困难:核心课程建设、教育教学资源、教师队伍建设等。

1. 国际产学研合作教育

要注重与在新技术研发和产业发展中处于全球领先地位的研究机构和国际企业进行的合作,以掌握全球新技术、了解国际工程技术发展水平和新产业发展态势、清楚新工科专业人才需求状况和全球行业企业走向等,从而调整培养目标、培养规格,专业设置、改革人才培养模式、教学内容、课程体系和教学方式,提高我国在未来工程教育领域中的国际竞争力和影响力。

2. 国际合作办学

主要目标在于借助发达国家一流师资条件、教育资源和课程资源来发展和建设我国高校的新工科学科专业。

第六节　实践创新平台

构建实践创新平台,培养学生的创新能力和实践能力,新工科建设应予以重视,需要从构建工程实践教育体系和创新创业教育平台两方面入手。

一、工程实践教育体系

实践是创新的基础,实践是工程的本质,实践促进创新。由于学科专业的"新",实践教育资源严重不足,构建新工科专业工程实践教育体系存在重要问题:一是高校用于开展专业实践的场地、条件、设施和指导教师严重不足;二是对于新工科专业开展工程实践需要的教育场所、仪器、设备以及高级工程技术人员,社会不能充足提供。

构建新工科工程实践教育体系需要从以下3方面入手。

(1)高校需要在政策配套、经费投入、教师激励等方面予以倾斜,支持新工科专业需要的学校工程训练中心和专业实验室的建设和拓展。

(2)高校需要加强与在新产业和新技术领域领先的企业的合作,针对本校新工科专业,建立校外工程实践教育基地。

(3)国家通过政策和激励措施,在全国范围吸引和遴选高科技企业、大型企业和创新企业,建立国家级工程实践教育中心,为众多高校提供新工科专业需要的工程实践教育平台。

二、创新创业教育平台

创新创业能力是新工科专业培养的卓越工程人才的核心能力,在强调创新能力培养的基础上,还应该从以下3个方面打造创新创业教育平台,加强培养新工科卓越工程科教人才的创新创业能力。

1. 完善创新创业教育课程体系的建设,改进教学手段和教学方式

设置创业引导课程、学科前沿课程、问题导向课程、综合性课程、交叉学科研讨课程;建立以课题和问题为导向的教育模式,倡导挑战性学习和研究性学习,因材施教,注重提高学生的创新意识、探究兴趣和学习成效。

2. 建立面向新工科专业学生开展创意、创新、创业"三创融合"活动的支撑服务平台

通过建立系统性创新思维训练、支持基础工程综合能力训练、技术成果产业化和创意原型产品开发等三创生态系统,向学生提供全方位的创意实现服务,鼓励学生面向未来、挑战学科前沿问题、跨界学习、交叉合作,支持学生实现

产业化创新成果、创意设计和形成创新产品。

3. 打造学科竞赛平台、支持创新创业训练项目、参与全国创新创业大赛

高校要积极支持学生承担创新训练项目、参与国家级大学生创新创业训练计划、积极参加创业训练项目和创业实践项目，增强学生在创新基础上的创业意识和创新精神。在创新创业训练的基础上，高校要打造学科竞赛平台，通过建立科学合理的竞赛激励机制，充分调动学生参与学科竞赛的积极性，将其作为学生创新精神、实践能力和创新能力培养的有效载体。在学科竞赛的基础上，高校要组织学生积极参加全国大学生“互联网＋”创新创业大赛，作为深化创新创业教育改革的重要抓手，以此不断提高新工科专业学生的创业意识、创新精神和创新能力，推动高校创新创业教育水平的不断提升。

第七节　教师队伍建设

教师队伍建设是人才培养和学科专业建设的关键，新工科建设需要一支在素质、能力、知识、经历等方面均能够胜任学科专业建设的教师队伍。在教师队伍建设上，新工科建设需要研究制订多学科交叉融合的新工科专业教师队伍建设路径、对教师的要求以及教师的评价和激励。❶

一、教师队伍建设路径

新工科专业教师队伍建设采取兼职和引进相结合的方式进行。从教师队伍建设的角度考虑，在聘请兼职教师和引进专职教师时，要注重教师学缘结构的多元性、知识结构的互补性、学科背景的交叉性、年龄结构的合理性、工作经历的多样性等。此外，专职青年教师在引进时要关注教师的发展潜力和可塑性，这对于处于不断变化中的专业建设和新工科学科建设具有长远的意义。

对于引进的教师，均应在人才培养、学科建设、专业发展和学术研究上有明

❶徐少明，陈永红．新工科视域下应用型高校师资队伍建设的检视及展望[J].东莞理工学院学报，2020，4(27)：113-115.

确的任务要求，制定明确的职业发展规划，包括企业顶岗、在职培养、院所挂职等，以有计划地提升和培养教师的职业胜任能力。需要强调的是，不管采取什么方式提升教师的素质和能力，均必须有明确的针对性，一方面要针对教师职责的需要和所承担的任务；另一方面要针对其存在的不足之处。还需注意，教师去顶岗和挂职的行业企业和科研院所应该优先考虑具有国际水准的科研院所、在产业和行业发展处于领先地位的国内外与新工科学科专业相关的产业领域的龙头企业和高新技术企业。

二、新工科对教师的要求

新工科对教师的任职要求是："大学教师＋'准工程师'＝工科教师"的模式，要求参与高校建设的是一支教学水平高、综合素质好、知识渊博、工程经历丰富、工程能力强的工科教师队伍。同时强调学科专业的产业性和多学科专业的交叉融合。

首先，在知识面上，除了所承担教学任务之外，不仅要拓展到所有学科专业和相关课程上，还要关注前沿和一些新兴、交叉学科，尤其是与本学科专业领域相关的新产业、新技术的出现和发展。

其次，在产业经历上，要求掌握应对新产业问题的有效方式，了解新技术和先进工程设备的使用，积累解决各类前沿问题的经验，与企业和产业界保持密切的合作关系。

最后，在产业能力上，除了具备科学研究能力、设计开发和技术创新外，还要具备运用多学科原理、知识和方法解决复杂工程问题的能力以及挑战、应对和处理未来问题的能力。在教学水平上，不仅对教育研究能力、工程教育理念、教学学术水平、实践教学能力有要求，还要强调信息技术和"互联网＋"平台的应用。在综合素质上，重点要强调职业道德和敬业精神，要成为学生精神文明的典范、道德品质修养的榜样和举手投足的楷模。

三、教师的评价和激励

从人力资源管理和开发的角度考虑，对新工科专业教师的激励和评价是促进教师队伍建设的有效手段，需要根据不同类型新工科学科专业和院校的特点，制定教师激励政策和教师评价标准。

对教师的评价与考核需要注重以下两点。

(1)考核评价标准是基于在任职要求基础上制定的任务要求和聘期目标，这些目标要求应该和新工科学科专业建设的阶段任务和总体目标相一致。

(2)将考核评价作为绩效管理的一个重要环节，注重期中过程评价，通过分析绩效不佳的原因并及时反馈评价结果来提供帮助解决问题，提高和改进教师绩效。事实上，其职业胜任力提升的过程就是教师绩效提升的过程。

激励教师在于充分调动教师投入新工科专业建设的主动性和积极性。从教师队伍建设的角度出发，激励措施和政策主要在4个方面：培养多学科交叉融合能力、到产业界丰富产业实践经历、形成应对处理未来问题的能力、提高复杂工程问题解决能力。制定激励政策和措施，应该立足于教师的长远发展，即教师能力、经历和素质的提高，而不是教师单纯工作量的追求，更不是短期工作任务的完成。

第八节 人才培养质量

人才培养是新工科建设的最终落脚点，因此，要立足国际工程教育改革发展的最新前沿，以领跑世界和面向未来为目标和追求，重新塑造人才培养质量观，提出关于新工科专业人才培养的质量标准，开展人才培养质量行之有效的评价，以保障培养出的工程科技人才满足新经济发展的需要。

一、重塑人才培养质量观

新工科专业人才培养质量应该树立3个观念：以学生为中心、重视过程管理、强调持续改进。

(1)以学生为中心为提高人才培养质量提供了有力保证，包含两层含义：一是以人才培养目标为中心，满足新经济形势下对人才培养质量的不同要求；二是注重因材施教，充分尊重学生的个体需求，满足社会对人才多样化的需求。

(2)教育教学过程是不断接近质量标准的过程，质量保障的关键是过程管理。重视过程管理强调从只关注"教学"过程，转向重视"教育"过程，即从课堂教学转向课内外教育。因此，过程管理的范畴，要将各种有组织有计划的课外教育教学活动纳入其中。

(3)质量保障的永恒要求是持续改进,"没有最好、只有更好",这个客观事物发展的规律,正是强调持续改进的规律,这表明在人才培养的各个方面都存在进一步完善和改进的空间,要重视不断提升人才培养质量。

二、人才培养质量标准

新工科专业应该由产业标准、国家标准和学校标准三级标准构成的质量标准体系,并在能力、知识和素质上做如下拓展或补充。

学科知识方面:新工科领域前沿知识、多学科交叉复合知识。

专业能力方面:非结构化解决问题的能力、复杂工程问题解决能力。

非专业能力方面:多学科团队的协作能力、创新创业能力、工程领导力、研究和创造能力、全球胜任力、数字化能力、动态适应能力。

综合素质方面:社会意识、工程伦理、全球视野、家国情怀、跨学科和系统思维、批判性思维。

三、人才培养质量评价

新工科专业人才的培养质量评价需要重视以下两方面工作。

(1)从以"结果评价为主"向"结果与过程评价结合"转变,这不仅使学生在学习过程中的投入大大增加,也利于及时解决和发现质量问题。

(2)将外部评价与校内评价相结合,以获得客观公正、更加全面的评价意见。

同时,人才培养质量评价工作还要注意以下三点。

(1)评价主体多元化,即由对人才培养质量有着不同诉求的多主体从多角度对人才培养质量进行评价。

(2)评价方法的针对性,即要避免采取单一或简单的方法,针对每个教学环节的目标要求,采用能够有效准确地评价人才培养质量的评价方法。

(3)评价结果的使用,将评价结果及时地进行质量持续改进,而不是束之高阁。

新工科建设从上述8个方面进行了研究，是研究、实践、再研究、再实践的不断深入和逐渐完善的过程，需要各级政府、行业产业和高等学校的共同努力和密切合作，需要校内多学科专业的协调合作。新工科建设将有力地推进我国从工程教育大国逐步迈向工程教育强国，进而影响国际工程教育的发展与改革。

第二章
产教融合的理论基础

第一节 相关概念界定

一、产教融合

（一）产教融合的含义

产教融合作为一个新出现的构想目前尚无统一的定义，最早由高校根据其人才培养特点提出，现在已经扩展到各个层次的教育之中。产教融合非常符合时代发展要求和人才培养要求，已经逐渐成为各个层次人才培养中的重要环节。

产教融合的相关构想是一个从无到有、从模糊到具体的过程，这符合事物发展的一般规律，更加符合教育发展的规律。我国的一些学者对产教融合进行了专门的整理和研究，但是由于缺乏一手材料，所以成果非常有限，仅仅从时间的顺序对产教融合的发展进行了简单的梳理。笔者为了深度研究我国产教融合发展的实践进行了大量的专门调研，调查了产教融合成果丰富的高校，也对理论进行了专门的研究，在前人的基础上取得了一些成果。在我国教育体系中，产教融合的两个主体是学校与产业行业，通过产学研一体化的深度合作，可以提高人才培养的产教融合的水平，从而实现双赢。传统的人才培养中学校也非常重视校企之间的合作与协同培养，但是校企合作的层次有限，无法实现深度的人才培养和发展。产教融合与校企合作最大的区别主要还是在于双方合作的程度，产教融合的形式多种多样，最核心的就是双方要形成稳定、高效、深层次的合作关系，通过提升人才培养的产教融合的水平促进企业发展和办学实力的提升。在调研中发现，有的产教融合助推校企双方建立新的实体创新人才培养模式，也有的产教融合侧重研发和学术升级。从调研的结果来看，不论哪种形式的产教融合最终都会提升学生的个人素养和就业能力，企业也因此获得了更多宝贵的人才，缩短了人才与企业之间的磨合期。最终所能产生的连锁效应会不断助推区域经济向前发展，从而实现共赢。产教融合让越来越多的用人单位和高校看到了机会和希望，也非常愿意参与其中，所以产教融合的发展也逐渐进入了快车道。❶

通过对历史资料、文献和调查结果进行分析可以发现，当前的产教融合主要指的是职业院校。但是，本研究对这一相关构想进行了扩展，把高校也纳入其中。这是因为国家层面越来越重视产教融合的发展，已经出台了相关的政策进行支持和帮助。回到产教融合的相关构想上来，传统的产教融合指的是职业院校把所开设的专业进行社会主义市场经济产业化发展，把产业发展的经验和技术引入教学之中，通过产业与教学之间的融会贯通强化学校和企业之间的合作关系，从而优化传统的办学模式。越来越多的高校也在探索产业引入专业，所以上述相关构想中的职业院校可以扩展为高等学校。但是职业院校和高等学校的产教融合又存在着比较大的差异，就是职业院校的产教融合进行得更加彻底和全面，也更容易获得企业的认同。高等学校在发展产教融合方面存在一定的弱势，这主要是不同层次的教育目标不同。

虽然职业院校在产教融合方面取得了比较好的成绩，但是不同地区、不同类型的职业院校存在着比较大的差异。在调研中发现，经济发达地区的产教融合发展得非常深入和全面，对助推地方经济的发展也有着重要的价值。大家也探索出了丰富的产教融合经验，这些经验具有比较强的地方性和产业性，要想大面积地复制和推广存在一定的困难。

产教融合的学生实践就是把课堂所学到的知识应用到实践之中，在课程设计上就存在着对应性，这是一个非常好的现象。产教融合会涉及每一门课程，从专业培养目标入手，学校与企业在充分合作的基础上共同制定培养目标以及课程标准。所涉及的骨干课程均是理论与实践高度相结合，这就可以让学生带着问题学知识，并且在实践中解决问题。形成了一个遇到问题、解决问题的良性循环。通过产教融合培养出来的学生，在动手能力和解决问题的能力方面具

❶陈年友，周常青，吴祝平．产教融合的内涵与实现途径[J]．中国高校科技，2014(8)：40-42.

有更强的优势，他们可以更加灵活地对问题进行分析并且选择合理的方式进行解决。这种人才培养模式的改变还可以培养出更多能够为建设社会主义服务的优秀人才。不仅如此，产教融合还会激发出学生创造、创新的愿望和热情，激励他们在实践中不断探索、不断创新，而这种创新意识、创新能力、创新人才的培养正是我们地方本科教育的办学方向。

产教融合不仅可以让企业参与其中，而在有条件的学校，其也可以自己创办企业，以学生为主体进行发展；学生在整个过程中可以取得一定的报酬，这客观上也为学生工读结合、勤工俭学创造了条件，还能够解决贫困学生的学费和生活费用问题，为精准扶贫提供支持和保障。

产教融合在更大层面上能够为助推地方经济发展提供专门的服务，因为我国的地方本科院校多为地方性的，最主要的作用就是服务于地方经济发展。我国当前的地方本科教育是以就业为导向的教育，在社会主义市场经济制度之下主要以培养技能型人才为主要目标，技能型人才的特点非常明显，培养的是生产、建设、管理和服务第一线需要的高技能人才。这类人才具有鲜明的职业性、技能性、实用性等岗位特点——简单来说就是工作在第一线，懂技术、会操作、能管理的技术员。

产教融合的培养思路也正是在上述背景下产生的，为了满足需求而改进相应的教育策略，这是我国教育不断改革、发展和完善的重要体现，也应当受到更加广泛的关注。产教融合的重要参与对象是企业，在融合的过程中要格外注重对企业需求的满足。只有充分调动企业的积极性和资源才能实现产教融合效果的最大化，据调研显示，当前进行产教融合的企业多数为生产制造型企业，这对学校提出了新的要求，学校也应针对企业所需的产品与技术进行开发，以实现学校培养人才、研发产品和技术服务的三大功能。为使企业需求与学校教学无缝衔接，与技术发展方向合拍，就必须依靠和吸收企业技术骨干、学者专家参与培养目标的研讨、教学计划的制订。产教融合的基础是“产”，即必须以真实的产品生产为前提，在这样的基础和氛围中进行专业实践教学，学生才能学到真本领，教师才能教出真水平。这样的“产”不能是单纯的工厂生产，必须与教学紧密结合，其目的是“教”，在产教融合比较成熟的情况下，再逐步向“产、学、研”发展。学校真正形成了“产、学、研”的能力，职业学校适应了市场的需要，形成的发展能力就落到了实处，做强做优也就有了基础。

目前已有的产教融合主要是根据学校和企业的情况双方进行深度融合，正如前面所提到的全社会还没有形成一套完整的、通用的经验。对已经完成的调研总结出当前教育界比较常用的一些做法。产教融合的发展实际上是经历了一段时间的摸索，学校和企业在探索中寻求最佳的解决途径。在产教融合中学校和企业始终坚持“双赢”原则，实施责任共担，这就形成了一种具有约束力的制度保证。一些比较主流的做法就是引入社会上管理和技术较为先进的企业，企业愿意加盟校企合作，通过利用该校的设备，进行产品生产，在生产过程中引入教学内容，校企共同制定产教融合的实施性教学生产计划，让教师学到技术，让学生加入生产，让生产产生效益，学校和企业共同发展，共生共荣。

改革开放已经四十多年，我国的社会主义市场经济也取得了非常大的成就，经济的进步和发展对我国的地方本科高校教育产生了具有深远意义的影响，这种影响包括：为我国地方本科教育提供了很好的校企合作环境、为高校毕业生提供了工作和实习场所，也为高校培养了大量的双师型教师。当然，经济的进步对地方本科教育的影响远不止如此，实际上中国经济产教融合水平的提升就是依靠人才素质的不断提升实现的。

在经济发展的大背景之下，应用型本科也应运而生，并且加入了地方本科教育的大家庭。在实践型人力资源理念的指导下，培养合格师资的任务将会更加艰巨。应用型本科要想实现发展目标就要提升校企合作的产教融合的水平、增加校企合作的数量。经济的发展和社会的进步对教育提出了更高的要求，这种要求主要体现在对人才产教融合水平的要求不断提高。应用型本科要能根据社会经济发展的需要灵活调整人才培养方案，提供可供经济社会发展需要的社会服务，并能开展科学技术研究，为相关行业提供前沿的技术指导，为社会经济的发展提供技术支持。总之，应用型高校要不断调整自身的发展适应经济发展的需要，并且争取成为经济发展的助推力量。正是基于此，在社会主义市场经济背景下，高等职教育“产教融合”是一种产、学、研“三位一体”的融合模式，不仅具备教育和企业的多种功能，还具备随时应变产业结构调整和参与市场竞争的能力，是在学校、企业、行业以及社会相关部门的不同程度参与下形成的一种新的社会组织结构，肩负着助推高等地方本科教育改革和社会经济发展的重任。从这个角度来说，产教融合的发展在很大程度上会促进经济发展，进而也会支持两个一百年目标的实现。

（二）产教融合的特点

产教融合在国内和国外经过了多年的发展取得了一些经验，在梳理国内外产教融合发展经验的基础上可以总结出所具有的一些特点。通过文献梳理和国际经验对比可以发现德国的双元制、美国的合作教育模式以及英国的工读交替模式都非常值得学习。我国在产教融合方面也取得了一些成绩，早期的产教融合以校企合作的形式存在，其中几个典型模式分别是“学院＋创业中心区”“专业＋大型企业”“专业＋龙头企业＋企业联盟”“专业＋校办企业”“专业＋行业协会”等。上述五种模式都是职业院校结合当地经济发展而创造出来的，具备了初步的产教融合特性。

这些模式不同程度地促进了地方本科教育的发展和产教融合的深入，但主要侧重于产、学结合，没有达到“产教融合”的广度，也没有体现地方本科教育的高度和校企合作的深度，整体生态不能达到“产教融合”的效果，其成功经验也难以推广和复制。在以往的研究中，曾经提出过“四位一体”技术平台的校企合作模型，其基本上具备了“产、学、研三位一体”的功能。但是，当初的研究仅限于职教集团背景下，并没有将其纳入社会主义市场经济背景下开展研究，也难以适应社会主义市场经济发展变化的需要。研究的学校也仅限于地方本科教育和专科层面，并没有将应用型本科纳入其中。为适应社会主义市场经济中产业结构的不断调整和变化，地方本科教育的“产教融合”必须是行业、产业、企业和专科以及应用型本科院校等多方主体活动特点的融合和体现，并具有新的特质和功能。

1. 立体式融合

社会主义市场经济追求的是多元化，产教融合服务于社会主义市场经济，所以其发展的路径也必然要受到社会主义市场经济的影响。产教融合在发展中也更加注重立体式的融合。立体式融合区别于平面融合，从融合的层次来说校企合作属于层次比较低的融合，也就是平面融合。产教融合是高层次的融合，可以说是立体式的融合，它打破了原有单一合作或双项合作的局限，在产、学、研三方面进行全面、深入的合作，融合后的组织结合了生产、教学和科研的特点，不仅自身是生产的主体，具有企业创造经济效益的功能，而且能提供产业发展需要的专业技术人才，为产业的可持续发展提供源源不断的智力支持。通过对比产教融合培养出来的人才与传统模式培养出来的人才，就可以发现二者存在着比较大的差异，产教融合模式下培养出来的人才具备更强的可持续发展能力。从另一个角度来说，企业的需求也能为学校的教育教学改革提供方向和目标，保证了地方本科教育能满足行业需要。融合的组织能科学配置内部资源并开展基础研究、应用研究和开发性研究，为产业发展提供有力的技术支持，为学校教育内容的更新提供最前沿的信息资源，保证了教育与时俱进。三者融合在一起，形成一个良性的循环体系，开展教学、科研、生产等服务活动，在促进内部发展的同时，不断向外辐射，发挥其更大的社会效应和作用。这种立体式的融合对于经济发展和社会进步都有着非常重要的助推价值，反过来也促进了教育的发展和进步。

2. 社会主义市场经济产业化发展的融合

社会主义市场经济产业化发展是指某种产业在社会主义市场经济条件下，以行业和企业的真实需要为导向、以实现效益为目标、依靠专业服务和产教融合的水平管理形成的系列化和品牌化的经营方式和组织结构，其基本特点是：面向市场、行业优势、规模经营、专业分工、相关行业配合、龙头带动、市场化运作。对于不符合市场需求的项目，要遵循市场进退机制，及时终止不必要的投入，避免产教融合运作过程中机制的片面性。所以，社会主义市场经济产业化发展的产教融合是一种面向市场需求的融合，在产、学、研三方面做大做强，分工合作，强强联合，能创造出良好的市场发展前景，具备其他组织无法复制的竞争优势，形成自己的品牌，在市场中具备核心竞争力，并且能形成一定的规模，带动其他合作项目不断深入开展，严格按照市场规律来开展活动。

3. 以企业需求为出发点

教育是以培养人才为主要目标的，早期的教育在人才培养中不是十分注重与企业之间的对接，产教融合在培养目标方面领先于传统的教育，产教融合的出发点是企业的需求。企业参与到人才培养的全过程之中，能够将自身的需求以最大化的形式表达出来，并且在课程设计中逐个满足。传统的地方本科教育产教融合实践过程中，搞形式、走过场、学校“一头热”的现象并不少见，每所高校在产教融合实践中都会遇到这种现象。通过分析可以发现，导致这种现象出现的原因很多，主要是双方在合作的早期并未找到能够让彼此共赢的路径。而很多企业迫于政策的压力或是学校的单方意愿，在没有找到双方合作的需求点时就盲目开展形式上的校企合作，合作之前双方缺乏严谨的调研。

这样的产教融合违背了社会主义市场经济的需求导向，不可能产生有益的效果。真正实现产教融合的组织，能够以企业、学校和相关合作部门的需求为前提，结合各种市场正在发生的变化，明确市场的供需状况，确定各自的实际需求，寻求利益结合点开展相关合作，在满足自身需求的同时，能为市场的供给和需求的均衡做出一定的贡献，并能根据供给和需求的均衡变化，调整自己的需求发展战略，这样不仅解决了合作的随意性、被迫性问题，也提高了合作双方的积极性与主动性。

4. 多主体管理的融合

产教融合就是一个重新确立组织主体地位的过程，也是在社会主义市场经济条件下产教融合活动获得法治保障的关键要素。以往很多的校企合作活动难以实现产教融合的关键原因，主要还是没有明确各个主体之间的权利和义务关系，关系的不明确导致了合作的问题的产生，从而影响了校企合作的发展。产教融合的主体正在悄然之间发生着变化，已经从学校转移到了企业和行业，这种变化既与当前的社会发展有关，也与教育的进步有关。正是基于此，在有效的产教融合组织中，学校、企业、政府、行业协会等分工合作、共同管理，在开展任何活动之前，都应明确各自的权利和义务，并对其后果承担最终的法律责任。这样不仅可以增强企事业单位对此项工作的责任意识，发挥其主人翁地位，也可以让学校和合作单位在此项活动中的管理工作更为合法、有序，避免了产教融合管理工作的零乱性。

二、实践型人力资源

实践型人力资源是根据社会发展的需要而出现的新生事物，实践型人力资源主要是指能将专业的技能和专业的知识应用于所从事工作的具有更强动手能力的人才，实践型人力资源需要熟练掌握企业工作所需要的基础知识和基本技能，实践型人力资源主要是指一线从事操作的专业技术人才。主要从事一线生产的技术或专业人才，其具体内涵是随着高等教育历史的发展而不断发展的。总之，实践型人力资源是具有实际技能的人，是能把理论应用于实践的人才。实践型人力资源培养要以能力的培养为中心，着重培养每个学生的思考、掌握、应用知识的能力，让学生未来适应社会的需要、适应经济发展。地方工科院校中的实践型人力资源指的是使用型比较强的、大众化的、本科层次的技能人才。按照行业领域、学科专业、教育层次、岗位职位等不同的分类标准，可以将人才划分为不同的类型，我们把从事揭示事物发展客观规律的科学研究人员称为研究型人才，而把科学原理应用到社会实践中并将其转化为产品的工作人员称为应用型人才。这种人才的能力体系也是以提高一线生产的实际需要为核心目标的，在能力培养中特别突出对基本知识的熟练掌握和灵活应用，比较而言，对于科研开发能力就没有了更高的要求。实践型人力资源的培养过程更强调与一线实践知识的传授结合，更加重视实践性教学环节，如实验教学、生产实习等。通常将此作为学生贯通有关专业知识和集合有关专业技能的重要教学活动，而对于研究型人才培养模式中特别重视的毕业论文，一般不会有过高的要求。实践型人力资源和其他人才相比，属于一种中间人才，既有一般人才应具有的理论知识，同时又必须有较强的理论技能，这样的要求是比较高的。

与其他类型人才培养模式相比较，实践型人力资源培养模式主要有以下特点：

第一，这种人才的知识结构是围绕着一线生产的实际需要设计的，在课程设置和教材建设等基本工作环节上，特别强调基础、成熟和适用的知识，而相对忽略对学科体系的强烈追求和对前沿性未知领域的高度关注。

第二，构架出一套完善的人才知识、思维、能力、素质全面发展的人才培养模式，优化专业教学计划，整合学科教学内容，为我国培养出更多、更出众的一专多能型实践型人力资源。同时，不同层次的实践型人力资源在培养定位上也是不同的。

总之，实践型人力资源主要是应用知识而非科学发现和创造，社会对这种人才有着广泛的需求，在社会工业化乃至信息化的过程中，社会对这种人才的需求占有较大比重，应该是大众化高等教育必须重视的人才培养模式，也正是这种巨大的人才需求，为高校的发展提供了广阔的空间。这类人才同样需要经历一个复杂的培养过程，也能反映一所学校的办学水平。

此外，高校产教融合的水平和达到的高度不仅体现在高校自身专业设置、教学层面、管理产教融合的水平等微观方面，还体现在高校在宏观上产教融合办学模式的层次，提高为学生、行业企业、政府及社会经济发展服务的能力。同时，不能不顾实际，盲目地与企业合作，为了产教融合而产教融合。高校要避免片面追求合作行业企业的数量、合作的规模以及合作的速度等短视行为，应在保持自身优势资源、提高自身产教融合的水平的同时，注重提高与行业企业、商业协会以及培训机构等多方主体合作的产教融合的水平及合作的深度。注重与地方政府、行业企业、商业协会等主体形成互利共赢，注重可持续和长远发展，注重兼顾社会效益和经济效益的合作关系。

三、产教融合生态圈

产教融合生态圈是本研究的一个创新之处，主要在于把产业、教育、社会发展等相关利益群体融合到一起，从而构建出一个全新的事务，即产教融合生态圈，这一生态圈的构建有利于助推整体教育水平的提升。

生态圈即生物圈，在整体生态中，不同物种在物质形态上以群体的形式共存于整体生态的大环境中，群体之间构成特定的关系链条，在这个圈内按一定的规划实现相互储存。地球上所有的生物与其环境的总和就构成了生物圈。生物圈是所有生物链的统称，它包含了生物链上所有生物、生态环境和生态系统等，又分为森林生态系统、草原生态系统和湿地生态系统等。生态圈具有可持续性、相对稳定和自动平衡等特性。产教融合生态圈是指高等院校以自身为主体，在地方政府的支持下，围绕地方产业经济发展，积极与地方工业园区开展深入的战略合作。产教融合生态圈的构建有利于教育水平的进步，需要多个部门的协同参与。通过政府部门的统筹参与，一方面为高校进行校企合作搭建平台，另一方面为企业参与校企合作出台更多鼓励政策。在此过程中，高校为地方区域经济发展提供智力驱动，企业为区域经济发展提供经济驱动。通过校企合作，高校人才培养产教融合的水平得以提高，学校抓住市场的脉搏，办学形成特色，同时也将更多的社会资源转化为教学资源；企业急需实践型人力资源缺口得到填补，企业经济效益得以提高；区域经济得到较好发展，地方政府经济实力得到较好提升；促使学校与企业开展更深入与全面的各种类型合作，构建一个稳定、持续和高效的合作关系，从而形成一个共生共赢的产教融合生态圈。

四、产教融合的构建原则

产教融合的发展已经逐渐由萌芽发展成了一个成熟的制度，产教融合制度包括了教育、经济、产业和社会发展制度，这些制度只有协同发展才能发挥最大的效应。成功的产教融合制度将构建政府、学校和社会三方新型合作与成长关系，通过这种协同促进政府对产教融合进行宏观管理、高校能够自主办学、社会可以广泛参与的全新产教融合格局，支持社会、行业、企业以资本、知识、技术、管理等要素参与举办地方本科教育，从而建立健全政府主导、社会参与、办学主体多元、办学形式多样、充满了蓬勃生机的地方本科教育办学体制，具备政府、行业、企业和高校等多方主体协同融合，推进校企全过程培养人才的特点。根据产教融合的特点，高校构建高校的大学生双创教育机制应遵循以下原则。

（一）多主体原则

产教融合需要多个主体参与其中，这个原则已经被证明为一个非常重要的原则。高校实施的大学生双创教育涉及政府、学校、行业企业、学生和社会五大主体，他们在产教融合中实施职业院校的大学生双创教育承担相应的职能，双创教育也是一个重要的主体，参与到产教融合之中，助推了产教融合的向前发展。全社会要通过舆论的倡导和创业文化的弘扬，促进整个社会民众的心理意识、思想观念、行为准则、习惯以及价值观的转换。同时，让社会力量参与高校的大学生双创教育督导评估工作，形成全社会的推进合力。作为推进校企一体化协同育人模式的另一个执行主体，它们应该与高校对接，形成两个执行主体的合力。要改革校企共建的就业前实践的专门基地建设机制，从资金、设备、场地上为地方本科大学生创业实践提供硬件条件，使其在现代企业管理的真实环境中掌握社会主义市场经济运作的技术，在职业技能培养中同步培养创业素质。地方本科大学生要转换思想观念，认识到提高双创教育在个人成长成才和促进就业及助推社会经济发展中作用，将其内化为自觉行动。在地方本科教育产教融合中，注重培养产教融合的水平原则包括注重高校自身人才培养产教融合的水平和产教融合培养产教融合的水平，高校人才培养产教融合的水平影响着产教融合培养产教融合的水平。

第一，政府是高校的大学生双创教育的领导和管理主体。高校的大学生双创教育发展是否顺利很大程度上取决于政府的支持与助推。正是基于此，国家在宏观层面上政策引领、措施落实、监督和服务体系的搭建都是非常重要的，必须通过出台法律、法规和政策来引导支持和促进教育与行业企业深度融合，发展大学生双创教育。

第二，学校是高校大学生双创教育的主要执行主体。高校发挥着为社会提供创业创新人才历史重任的主导作用，承担了高校大学生双创教育最重要的角色和职能。

第三，行业和企业是高校大学生双创教育的对接主体和受益主体。具有创业创新素质的高端技能人才，将有力地提升生产力，助推产业创新和转型升级，提高企业的竞争力和效益，最终使行业和企业收益。

第四，学生是高校大学生双创教育的学习主体和受益主体。

第五，社会是高校大学生双创教育的参与主体和监督主体。

（二）自组织原则

产教融合的发展在探索时期主要是依靠学校和企业的自组织发展，在这样的发展过程中，自组织发展逐渐成为一种共识，自组织是指客观事物自身的结构化、有机化、有序化和系统化的过程。职业院校的大学生双创教育各实施主体开展高校大学生双创教育包含自组织行为，具有自组织演变的特性。政府只有在逐渐意识到产教融合发展需要进行调控时，这种自组织原则才逐渐被打破。在地方本科教育产教融合过程中运用产教融合的水平原则，用符合性、适用性及经济性三个层次去检验产教融合人才培养产教融合的水平情况。用符合性检验人才培养与市场用工需求间的匹配程度；用适用性检验所培养的人才是否适应行业企业相应岗位的具体工作；用经济性检验人才将创造的经济效益情况。高等院校发展主要有以下三个特点。

第一，职业院校的大学生双创教育具有开放性特点，创业能力培养要求突破以往教育体系的封闭性，与社会进行开放式互动教学。

第二，职业院校的大学生双创教育过程具有复杂性，涉及高校和行业、企业不同的专业群、产业类型、规模大小、技术含量、管理方式等多种因素，在教学、科研、生产、管理、市场等多方资源相互作用下，各主体教育过程自组织机制同样具有复杂性和关联性，因而职业院校的大学生双创教育机制形式也应具备多样性，分类组织，分类指导，分类实施。

第三，地方本科创新高校大学生双创教育具有自发性特点，它处于经济社会发展的宏观环境之中，是动态开放的系统，各实施主体结构通过与外部环境的交换，获得自组织演化需要的各种资源和能量，然后通过组织内部各个要素的交互作用，获得自组织演化的核心能力，使高校的大学生双创教育机制能够自发调节、自我完善，实现从稳定到不稳定，再到稳定的连续有序发展。

(三)协同性原则

与自组织原则相对应的就是协同性原则,产教融合在探索阶段主要依靠的是自组织,随着发展的深入,各个利益群体需要进行协同发展,因此,协同性原则便应运而生。我们要借鉴协同教育理念,探索政府、行业与用人单位和高校之间整体与部分、各要素或子系统间的协同作用,增强职业院校的产教融合多主体协同性。协同开展高校的产教融合的关键是协同五个主体,尤其是政府、行业与企业开展高校的产教融合的积极性、主动性。政府要完善法规政策,强化制度的约束力和系统的政策激励;高校要不断提升服务社会的能力,增强协同行业和企业全方位支持和参与其高校的产教融合的吸引力,提供更多的合作桥梁和纽带;行业和企业要以人才培养为己任,突破仅限于学校主体资源要素利用的协同瓶颈,积极参与扶持校企协同开展高校的产教融合,为学校开展高校的产教融合提供更多的资源平台和合作空间;全社会都要强化对高校的产教融合意义的宣传,提高全社会包括大学生对高校的产教融合的认知度和参与度。要协同目的、协同内容、协同资源、协同时间、协同各主体的责任和成果分担,从而构建政府有效宏观管理、行业与企业主动对接、社会广泛参与、学校主导、学生执行的职业院校的产教融合机制。

产教融合的水平是组织机构、体制机制等事物发展的根本前提和动力。在评价事物产教融合的水平时,涉及符合性、适用性及经济性三个层面。地方本科教育人才培养与市场用工需求间存在较大差异的原因包括:一方面,广东省作为产业经济发展迅速、产业转型升级较快的地区,其技术技能更新迅速,行业企业对人才的要求是:不但要具备较高的技术技能,而且要具备不断学习和提升自身技术技能的能力。地方本科教育作为以育人为本的教育活动,培养周期较长,难以跟上行业企业的更新速度。另一方面,受社会文化及历史传统因素影响,高校的认可度不高,学生生源产教融合的水平不高。在一定程度上,由此形成的学习风气与动力不强,学生缺乏内在学习的动力、外在的学习风气,高校人才培养产教融合的水平难以提高。但是,高校也只有提高教育教学产教融合的水平,提高毕业生社会影响力,才能提高自身社会地位,吸引行业企业参与,提高地方本科教育产教融合的合作深度。

(四)共享性原则

如今共享经济已经成为社会经济发展的重要组成部分,共享性原则也成为产教融合的重要原则。产教融合、产学合作开展高校的大学生双创教育，共同培育创新创业人才，国家、学校，行业与企业、学生都是受益者。要注意发挥市场对资源配置的作用，建立政府激励机制、互惠互利的动力机制、共生发展的利益分享机制，使各主体做到责任共担、利益共享，助推职业院校的大学生产教融合有序发展。产教融合是现代地方本科教育的重要特点，也是建设现代地方本科教育的非常重要的制度，从“产学融合”到“产教融合”，描述了我国产教融合向更深和更广发展的趋势，为创新职业院校的大学生双创教育机制提供宽广路径。

我国已有的相关地方本科教育法中曾提出：要建立健全适应社会主义市场经济发展需求的高等职业技术教育制度，市场性成为地方本科教育的天然和必然属性。同时，在一定程度上，地方本科教育人才培养是否具备“市场性”、是否符合市场发展需求成为评判地方本科教育教学产教融合水平的标准之一。明确国家相关部门、行业协会、大型职教集团、企事业单位在合作开展高校大学生双创教育中的主体地位，赋予它们参与管理的权利和责任。组织媒体宣传国家支持和鼓励创业的政策与对策，大力宣传开展高校大学生双创教育的先进典型，形成全社会尊重创业、认同创业、积极参与高校的大学生双创教育的意识。高校应在现有传统地方本科教育课程基础上，突出和强化大学生双创教育的理念和内容，以系统方法论为指导，以培养学生综合职业能力和可持续发展能力为培养目标，将地方本科课程划分为基于工作过程和基于社会生活两大部分。把高校的大学生双创教育作为一种人才培养制度在顶层设计上加以定位，系统构建产教融合实施职业院校的大学生双创教育的国家制度。产教融合实质是教育与产业的融合，政府和市场是助推产教融合与学校和企业合作的两大基本力量。正是基于此，助推产教融合制度下的高校的大学生双创教育，要发挥政府的主导作用，尊重市场在学校和企业合作中起决定作用的规律。在组织领导体制建设上，要改变教育行政部门单一推行高校的大学生双创教育的管理制度和模式，借鉴国家多部委联合推进就业工作的领导体制，打破行政部门间的壁垒，争取行业部门和政府部门的支持，自上而下建立产教融合推进高校的大学生双创教育相关部门协调联动的组织架构。专业教育与高校大学生双创教育的融合，是两种教育目标的融合，集知识教育与素质教育于一体，其契合点是学生创业素质和职业技能培养并重，建设和完善高校的大学生双创教育与专业教育融合一体化的课程体系具体如下。

一是构建基于社会生活的素质教育课程体系，完成通识教育，地方本科目前以选修课形式出现在创业课程融入素质教育的公共课程之中，以学生职业岗位将面临的典型社会生活的问题、情景、事件、活动和矛盾为内容，开设生活通识与通用技能类课程、就业创业类课程、审美和人文类课程、身心健康类课程、思想政治类课程。

二是构建基于工作任务导向的专业课程体系，将创业要素融入专业课程目标，根据学生工作面临的典型工作任务的对象、工具、方法、组织和要求，开设公共平台课程和专业方向课程，从而形成包含高校大学生双创教育的素质教育与专业教育一体化的新型地方本科课程体系，最终达到提升学生综合职业能力和可持续发展的目的。学校和企业共建校内产学合作平台，一般都有学校和企业合作的背景，老师或企业带训人员都有创业实践经验。

高校的大学生双创教育实践教学只有根植于专业教育的实践，在专业实践中映射高校大学生双创教育，才能真正实现两种教育在实践环节的结合。要发挥市场在资源配置上的调节作用，引导学校和企业发现培养高校大学生双创教育合作的利益共同点，助推产教融合开展高校大学生双创教育从现在的感情机制向市场利益机制转变，从而建立长效合作机制，逐步使行业和企业成为实施高校大学生双创教育的另一个主体。

目前，校外专业实训平台需加强向高校大学生双创教育的渗透。当前高校均与企业签订合作育人协议，合作中的就业前实践的专门基地一般只作为学生短时间的就业前实践场所或以就业为目的的岗位实操场所，学生只能接触与专业技能相关的实训，学生创业实践无法在校外实训中落实。在构建高校大学生双创教育实践教学体系过程中，要改变传统的以地方本科第二课堂为主没有系统性的实践教学模式，以产教融合、学校和企业结合为依托，从行业、专业、地域特点出发，以培养具有扎实创业知识、较强创业实践能力和创新创业精神的创新型技能人才为目标，将人才培养与社会服务及产品设计开发紧密结合，将教学过程与项目实施过程融于一体，将学生的专业实践和创业实践融合，构建“一线三平台”学校和企业协同的高校大学生双创教育实践模式。“一线”是以岗位职业能力为主线，“三平台”是校内实训平台、学校和企业共建校内产学合作平台企业驻校研发中心、教师工作室、学生创业工作室和校外实践平台，为学生优质就业、成功创业铺平道路。在校内实训平台建设中，要改变开设商业一条街、创业实践训练项目游离于学生专业实践单一的做法，不能将高校大学生双创教育活动简单地与第二课堂活动画等号，要在第一课堂专业实践教学中增强创业实践活动与学生各自专业教育的关联性和相容性，将专业实践向创业实践延伸，创新人才培养模式。对于有创业意愿的学生，学校负责提供项目来源、教师技术指导和免费办公场所等支持建立创业工作室，挂牌后参照公司模式由学生独立运作。此外，基于市场性出发，地方本科教育产教融合的发展过程应是高校与行业企业等多元主体间资源的相互利用和相互依赖的过程。高校与行业企业等多元主体间应基于互补性稀缺资源，形成互利互惠、相互依赖、共同发展的良性动态互动关系。在产教融合制度下，政府应加强宏观管理，改革就业前实践的专门基地建设机制，改变创业孵化基地建设与地方本科就业前实践的专门基地建设两张皮的现象，鼓励行业龙头企业将最新技术和设备投到学校和企业共建的实训平台。同时担负起创业孵化平台的责任，使其既服务于产业链企业又服务于同类职业院校，既服务于地方本科的专业教育又服务于地方本科的高校的大学生双创教育，积极构建良性运转的区域性资源融合平台，创新就业前实践的专门基地投入方式，对行业企业投到实训平台的技术和设备给予适当经费奖励，完善健全产教融合培养具有创新创业素质的高端技能型人才机制。产教融合、学校和企业协同建立高校大学生双创教育与专业教育融合的校外实践平台，是高校开展高校大学生双创教育的重要保障机制。在推行项目教学、案例教学、工作过程导向教学等模式中，培养学生的创新创业素质和专业技能。正是基于此，要推进学校和企业全过程培养人才，创新岗位实操方式，高校在与企业签订就业前实践合作协议时要与企业共同制订完善的培养计划，注重利用企业资源，增加学生企业经营运作的知识和技能，明确培养学生创业素质的路径和实施办法，确保学生在获取职业实践经验的同时，同步提升创业素质。学校和企业要协同建立各平台对工作任务或项目实施的规范、监督和信息反馈与评价的机制，实现人才培养模式的升级。正是基于此，高校应在行业企业等多元主体利用和依赖高校设备与学生等优势资源的同时，对企业、商业协会、政府等相关部门的优势资源加以利用，如利用人力资源与社会保障局的统计数据，借助第三方机构分析劳动力市场人才需求情况、高校人才与市场需求间匹配情况，预测未来人才需求情况，实现产教融合的水平和达到的高度的提高，实现合作关系的持久开展，实现"产""教"的共同发展。

目前，以高校的创业中心为主要依托，已重点建设一批"高校学生科技创业实习基地"、省市级大学生创业实习和孵化基地。高等学校也陆续建立大学生创业实习或孵化基地，但还处于起步阶段。这些基地的建设以政府和高校自身投入为主，还没有形成行业和企业参与的机制，产教融合度低，基地的辐射示范作用发挥不充分。作为地方本科教育产教融合合作主体之一的行业企业受诸多主客观因素的影响，比如行业企业内产品生产和社会服务，政府相关政策法规的不完善等，企业参与产教融合热情不高。为吸引企业的参与，赢得发展资金，高校需主动与行业企业靠近，在改善自身人才培养产教融合的水平的基础上，争取提高企业参与高校产教融合的积极性和主动性，承担更高的产教融合潜在风险，承担更多的产教融合任务和职责。地方政府要进一步加强对高校的经费投入，继续加大高校的大学生双创教育建设力度。高校应有针对性地建立学校和企业一体的专业就业前实践的专门基地，引进模拟实训软件，成立模拟公司，为学生参与创业实践提供根本保障。

毋庸置疑，地方本科教育的发展与产业经济的发展密切相关，地方本科教育的发展源于经济社会的发展需求，又助推着经济社会的前进与发展。当前，我国实行社会主义市场经济，要求地方本科教育的人才培养活动置身于市场环境中。同时，地方本科教育作为一种教育类型，应保持自身的相对独立性和特殊性，确保所培养的毕业生是具备创造价值的人力资源，而不能被简单地等同于普通的资源或商品。这不仅直接关系到毕业生能否符合市场需要、为企业创造价值、促成产教融合的持续发展，也关系到毕业生就业情况及职业生涯发展状况以及高校自身的生存状态与发展前景。

第二节　产教融合的理论基础

一、杜威的"从做中学"理论

现代美国教育家杜威以"教育即生活""教育即生长""教育即经验的改造"为依据，对知与行的关系进行了论述，并提出了举世闻名的"从做中学"的理论。其理论实质就是要加强对学生实际操作能力的培养，培养学生探究和解决问题的能力，培养学生从事和适应实际工作的能力，这也是我国地方本科教育所需要的一种理论，一种既定的培养目标。杜威从他的哲学观——实用主义哲学观出发，主张“实用”，并把它引入教育，形成了实用主义教育哲学。他主张学生亲历探究过程，建立与真实世界的关系，实现学生从一个被动的观察者到一个积极的实践者的转化，学生通过自己的活动，逐步形成对世界的认识，充分体现学与做的结合。

杜威在教学的过程中会把教学的过程看作是一个“做的过程”。他认为：人们“做”的兴趣和冲动都是以人为主体的。知识和经验的来源基本上是基于主体与客体经验的总结。基于此，他强调学校在教育的过程中应该设置成类似雏形社会的地方，即开设好各类工厂、实验室、农场、厨房等，让学生们能够在学校这个“小型社会”环境之中学习好自己所感兴趣的专业和课程。为此，他还提出了在教学的过程中要安排和编创好实践生产场景的教学方式，即在场景教学之中，激发好学生们的创造性思维，根据资料策略从场景活动中入手，解决好学生们在场景活动中所遇见的问题。这就是杜威所提出来的“从做中学”的教学理论。他主张学生们需要在学校里获得生活和工作中的全部知识，这种教学理论对当时社会教育来说具有很好的创新性，缺点是在开展的过程中有一定的局限性。但在对地方工科院校产教融合培养实践型人力资源的研究中，产教的深度融合需要真正把产业与教学对接，强调了“做”与“学”相结合的重要性，工科型地方类院校在实践型人力资源的培养上要把理论与实际对接，加强实践，加强学生动手能力。杜威的“从做中学”理论贯彻了从做中学、从经验中学，要求以活动性、经验性的主动作业来取代传统书本式教材的统治地位。他的“从做中学”理论贯彻到我国的教育方面，对我国教育中的管理理念、师生关系、教学方法、教学的评估方式等都具有非常深远的指导意义。

杜威认为，人类获得解决问题的能力才是最重要的，而这种能力的培养应该通过科学方法的训练来获得。同时，他认为，教学活动的要素与科学思维的要素应当相同，并由此提出了相应的“思维五步”或“问题五步”教学，具体包括：第一，学生要有一个真实的经验情境，要有一个对活动本身感兴趣的连续的活动，即要有一个能实现“做”的情境；第二，在这个情境内部产生一个真实的问题，并作为思维的刺激物，即要有一个可“做”的内容；第三，学生要占有知识资料，从事必要的观察以应对这个问题，即要有一个实现“做”的必要支撑；第四，学生必须负责一步一步地展开他所想出的解决问题的方法，即要有一个完整的“做”的过程；第五，要有机会通过运用来检验他的想法，使这些想法意义明确，并且让他自己去发现它们是否有效，即有一个针对“做”的结果的检验。这里的“五步”教学表面上看完全是一个学生“做”的过程，但在“做”的过程中却是对“学”的积累。地方本科教育旨在培养生产、服务与管理第一线的高素质技能型专门人才，就是在基层岗位和工作现场做实事、干实务、实践性很强的实用性人才，也就是专门面向“一线”的高等技术应用性专门人才。而这种“一线人才”，不是单单依靠学历教育在学校里就能培养出来的，他们必须也只有在生产和工作的实践中获得能力、提高能力。正是基于此，地方本科教育应更注重有效培养学生的职业能力，在教学过程中强调与实践相结合，实现学生的“做”，从而完成学生的“学”，以提高学生适应职业岗位能力的要求，缩短从学校教育到实际工作岗位的距离。

结合杜威的“思维五步”，不难看出，“从做中学”理论在地方本科教育教学中的应用，具体体现在师生关系的准确定位以及教学方法的合理运用上。实施“从做中学”初期，常常会出现一个角色误区，认为教师是“做”的准备者，即为学生准备好所有资料和设备，而在学生真正“做”的时候，教师也不过是个旁观者。如果以这样的态度处理“从做中学”，其结果便是学生盲目地“做”，却谈不上“学”。强调“从做中学”，并不是对教师的忽视，无论把课堂搬到实验室还是工厂，无论教学中采取什么方法，都不能缺少的一个人就是教师。只不过此时的教师不再是“一言堂”的主人，而是一个“方向标”。他的具体作用有三个，具体如下。

第一，为学生营造一个真实的经验情境，并提出一个能引发学生兴趣的问题。第二，是在学生实际“做”的过程中出现错误、疑惑、困难、发现或争论时进行有目的、富于智慧的引导，当学生有操作经验之后进行提炼、总结等。否则学生的操作可能是低效或无效的。第三，给学生创造一个可以检验其“做”的结果的机会。“从做中学”理论的中心是学习者本身，是学习者通过“做”，形成“思”，最终实现“学”，是学生通过自己的努力获取知识与培养能力的过程。在这个过程中，既少不了教师这根指挥棒的引导，更少不了学生自身的操作与思考，学生只有通过实际的动手与动脑，对问题进行分析处理，才能在“做”中体会知识的运用。

随着我国地方本科教育的发展,教学方法越来越注重其实践性,强调与社会相结合,与用人单位的需求相结合,突出学生实际动手能力的培养,但无论采取什么样的教学方法,在其具体运用的时候依旧落点到"教与学"上。

传统观念认为,所谓"教",就是教师站在讲台前,通过语言、行为,再配合教具、多媒体课件等手段展示教学内容,而"学"就是学生坐在教室里去听、去看、去写。在这个观念的理解中,处于关系上位的教师做出教授、告知的行为才是"教",否则教师就会被认为是偷懒,不负责任,这是过于关注"教"的行为表现。至于教师"教"的行为对学生的"学"是否有实际的效果就不在研究范围了。而"从做中学"却是对"教"的另一种更为人性化的诠释,"从做中学"绝不意味着让学生"做"就行,而是必须在教师指导下富有意义的"做"与"思"。这其实是把"教"的过程融入实际的情境中,教师在学生"做"的情境中教。要达成"做"以成"思","思"建立在平等与对等的关系上,平等的价值高于对等,没有平等就无法谈及对等,平等是对等的前提。

二、陶行知的"教学做合一"理论

我国著名现代教育家、思想家、学者陶行知先生有美国留学的经历,在留学过程中师从杜威、克伯屈等美国最具影响力的教育学家。他在回国之后,便积极地将其在美国所学习到的先进的教育思想与中国当时的国情结合起来进行了教育工作。终于在1926年,陶行知先生开创了自己的生活教育理论。陶行知先生提出了三大教育理论,即"生活即是教育""社会即是学校""教学做合一"的教育理论。而"生活即是教育"则是重中之重。在陶行知先生看来,教育如果脱离了生活,那么教育就是死的,没有生活作为中心的学校教育是一种死的教育。他的生活教育理论在当时中国社会中的反传统与反对旧教育中具有非常重要的意义和作用。他的"教学做合一"理论深刻地批判了旧社会教育中所存在的不足之处,同时给出了相应的具体的解决问题的办法和方式。这种教学理念的改革和践行对当时的社会来说具有非常好的作用。同时,他还强调,教学应该同实际的生活方式结合起来,这就需要教师们运用好新的教学方式,根据学的方法来进行教学。教与学都应该以"做"为中心,做才能够让学生们获得全面的知识能力。陶行知先生的理论基础,在以市场需求为导向的产教融合培养学生的模式下同样适用。"生活即教育"这五个字明晰地体现出了知识结构与市场以及社会发展同步的理念。对当今部分地方工科院校的应届毕业生出现综合素质能力低下、职业意识缺乏、动手能力比较差的现象，解决办法是：在借鉴陶行知先生理论基础之上，使学校所传授的知识能够适应社会经济发展的需求。

“生活即教育”“社会即学校”和“教学做合一”是陶行知生活教育理论的三个基本命题，研究者对这三个命题的历史流变一直缺乏较为系统的研究。作为生活教育理论的方法论，“教学做合一”在生活教育理论体系中居于重要位置。本书试图在教学方法层面，对“教学做合一”进行述评，以期望更好地还原和借鉴这一理论。“教学做合一”作为陶行知生活教育理论的重要命题和方法论，大致经历了以下六个阶段。

（一）萌芽期（1917—1925 年）

1901—1915 年，我国开始系统地引进日本的教育学说，“教育学、教授法、教育史、学校管理学引进数最多”。以此为基础，在清末民初学校进行教学方法改革时，普遍采用从日本引进的赫尔巴特五段教授法。这种教授法简单易行，颇受广大教师青睐。但它太过于机械和形式，不自觉地将教学分离，忽视了学生兴趣和个体差异。1917 年，陶行知自美国回国后在南京高等师范学校（简称南京高师）担任教育科主任，他敏锐地看到国内学校里“先生只管教，学生只管受教”的情形，提出要将“教授法”改为“教学法”，但未能通过。1919 年，陶行知发表《教学合一》一文，主张教的法子要根据学的法子。五四运动时期，陶行知就将教授法全部改为教学法，这是“教学做合一”的起源。“教学合一”思想正是在当时教育界力图纠正忽视学生主体地位和实际生活需要的教授法背景下提出的。

随着欧美教育思潮逐渐进入中国，以儿童活动为本位的各种新教学方法，如设计教学法、道尔顿制等相继传入，并于 20 世纪 20 年代初期在我国学校正式试行。这些新教学方法更关注学生的兴趣和活动，一经试行就引起较大轰动。但深入试行后，人们逐渐认识到，这些新的教学方法不仅没有充分考虑中国的现实状况，其缺陷也日渐暴露，如设计教学法虽和实际生活接近，但计划是教师设计出来的，有时与学生生活无关，且偏离了系统知识传授；道尔顿制下的学生虽然较为自由，但过于看重书本，与学生实际生活依然无关。陶行知认为，这同样是“教育自教育，生活自生活，依然渺不相关”，教学方法改革脱离了中国现实状况。基于这种情况,陶行知把“做”引入“教学合一”,主张事情怎样做就怎样学,怎样学就怎样教;教的法子要根据学的法子,学的法子要根据做的法子。此时,“教学做合一”的理论已经成立,但是名字尚未出现。直到1925年陶行知去南开大学演讲后,张伯苓先生建议改为“学做合一”后,才豁然开朗。名称的提出,标志着“教学做合一”的萌芽。

(二)形成期(1926—1938年后)

1926年,陶行知在《中国师范教育建设论》《试验乡村师范学校答问》中对“教学做合一”理论做了系统阐释。1927年3月15日,晓庄试验乡村师范正式成立,校训就是“教学做合一”五个字。7月2日,因有些同志仍不明了校训的意义,陶行知就做了《教学做合一》的演讲并形成专文,“教学做合一”思想真正确立。在“教学做合一”校训的指引下,陶行知特别注重“做”,晓庄师范明确指出“本校只有指导员而无教师”,强调学生的“做”和师生间共教共学;晓庄师范不是教师按照班级授课,而是代之以“院务教学做”“农事教学做”等。晓庄师范时期的“教学做合一”虽已不同于“从做中学”,但仍有一丝相似之处。

(三)发展期(1939—1948年)

1939年7月20日,育才学校在重庆诞生。经过长期的实践,育才学校时期的“教学做合一”较之晓庄师范时期又增添了新的内涵,并与杜威的“从做中学”彻底脱离。具体表现为:注重集体生活,指出学生要在集体中自治、探索和创造,追求真理以及产生新价值;要求学生兼具基本技能和基础知识。育才学校的课程安排有普通课和特修课。普通课的目的在于帮助学生掌握国文、外国文、数学和科学方法这四把掌握现代科学、开发现代文明的“钥匙”,特修课分为文学、音乐、戏剧、绘画、自然以及社会六组,目的在于给予特殊才能的儿童以特殊营养。通过普通和特修“二者起统一的作用奠定儿童深造之基础”;育才学校十分重视教师的作用,聘请了各行业的专家担任各个专业组主任,加强对学生的指导;育才学校不再完全否定班级授课制,认为“国文、数学、外国文三样,在初期按程度分班级上课最为经济”,并为师生订立《公约》以维持学校教学秩序;育才学校还要求课堂教育与社会活动有机结合起来。学校学生“按年龄大小与工作经验配合,混合组成若干社会服务队,专司附近村落社会服务”。学生通过对外的社会服务活动实现了在“做”上学,在“做”上教。

（四）批判期（1949—1977年）

1946年陶行知先生逝世后，许多文章都肯定了“教学做合一”的重要价值和体现的辩证唯物主义思想。例如，徐特立指出陶行知是一元论哲学，“教学做合一”就是“辩证唯物论”。1950年有论者指出“教学做合一”适应于当时环境，而在“今天民主、科学、大众的教育中应用已经不妥当”。

1951年5月后，批评者指出陶行知教育思想是脱胎于实用主义的，“教学做合一”是错误的教学法，因其忽视系统科学知识，只适合于生活中零碎经验的传授。“教学做合一”将书本作为工具以及一切从经验出发的观点是错误的，劳力上劳心也是典型的唯心观点。此时，对陶行知的评价是批评多于肯定。

1957年，陶行知教育思想又进入短暂的重评期。2月7日《文汇报》发表了梁忠义的《陶行知生活教育思想与杜威实用主义教育思想的根本区别》一文，认为生活教育理论是中国近代民主革命阶段建立的民主主义教育思想体系。邓初民在《陶行知先生在中国教育史上的地位和作用》一文中指出，“教学做合一”打破了封建社会“死读书”的方法，而且是理论与实践相结合，具有劳动教育的意义。但学界从1958年开始对陶行知教学做合一的又一轮批判。例如，白韬指出，“教学做合一”是错误的教学法，但认为陶行知仍是“最值得尊敬的一位人民教育家”。《安徽史学通讯》成为批判“教学做合一”的主战场。杨刚认为，“教学做合一”虽对脱离封建八股教育，提倡教育与生活和劳动相联系方面有优点，但“系统的理性知识取消了，有领导的课堂教学取消了，教师的主导作用取消了”，这样一来“就会降低教育的产教融合的水平，使学生得不到系统的理论知识，认识不到整体生态和社会发展的规律，而成为缺乏远见的庸俗的事务主义者”。方与严也指出，“教学做合一”有过分强调“做”的危险，对反对“死读书”有一定作用，但无疑降低了课堂教学作用，忽视了系统知识传授。凌汉如同样持此观点，并指出邓初民等的文章仅肯定了陶行知正确、进步的一面，错误的、落后的一面却没进行批判。程志宏指出，“教学做合一”的教学方法从其理论根据来看，就是一种资产阶级经验主义的教学方法，必须将其批判掉。赵文衡认为，“教学做合一”的实行必然取消了教，也就取消了学，所剩的只有盲目的做了，这样就降低了教师在教学中的主导作用，它跟教育与生产劳动相结合的教育方针有着根本不同。自1959年以后，陶行知在国内成为研究的禁区，“教学做合一”研究陷入长时期的低谷，停滞不前。

（五）重评期（1978—1984年）

1978年党的十一届三中全会召开，研究者得以在宽松的研究环境中对陶行知生活教育思想进行客观评说和应用。当然，1979年和1980年一些研究者仍在关注“教学做合一”的缺陷。李桂林等在《陶行知的生活教育》一文中指出，“教学做合一”是大胆尝试，但是它具有鲜明的实用主义特色，“对问题的解决是错误的，从一个极端走向另一个极端，从而把教育产教融合的水平降低了”，按照此法“培养出来的人才顶多只能成为对现实作点滴改良的庸才”。

到20世纪80年代中期，研究者普遍认同陶行知“教学做合一”是创新的、革命的、科学的，立足于人民群众的实际。陶行知“教学做合一”思想与杜威的“从做中学”有明显区别，并非是杜威教育学说在中国的翻版。陶行知“教学做合一”这一生活理论的方法，是经过其自身不断实践，不断体悟和总结形成的。

（六）运用期（1985年至今）

1985年后，随着“中共中央关于教育体制改革的决定”的颁布，关于陶行知的教育理论的研究进入一个新的阶段，“教学做合一”受到研究者的基本肯定，并被广泛运用于课堂教学、培养师资等各种教育教学的实践领域。

自1985年以来，“教学做合一”的研究取向主要呈现以下几个特点。

第一，偏重“教学做合一”的实践运用，对其理论探讨略显薄弱。研究者大都认同了“教学做合一”的优点和重大价值，而将其广泛运用于师范生培养、幼儿道德能力培养、课堂教学改革、学科教学、地方本科高专教育教学改革等方面。其中“教学做合一”的理论运用从2007年开始更为凸显，在2011年伴随着陶行知诞辰120年纪念活动的举行，“教学做合一”得到比较广泛的运用。

第二，一线教育工作者成为关注、探讨和运用“教学做合一”的主体。随着“教学做合一”的教学实践运用价值被大多数理论工作者认可，不少一线教育工作者开始结合自己的教学工作积极参与“教学做合一”的实践研究。

第三，研究者对“教学做合一”的理论探讨呈现出新的特点，对“教学做合一”的理论内涵进行合理阐释，或是在实践运用中形成和丰富自己对“教学做合一”的进一步理解。

“教学做合一”作为一种教学方法，陶行知把它深深根植于具体的环境中，并辅以相适应的课程和相匹配的教材，试图实现方法和内容的有机统一。如在育才学校时期，结合培养特殊才能的人才目标，“教学做合一”方法辅以六种小组，并开设了不同的课程，通过内容和方法的有机结合发挥了“教学做合一”的无限活力。教学方法的改革必须与环境、课程、教材等相配合，否则就割裂了方法和内容的有机统一。我们应充分强调目前学校教学方法改革要与环境、课程、教材等相配合的价值取向，否则教学只能是无源之水，在实践中不会发挥长远作用。

三、福斯特的产学合作理论

英国著名学者、教育家福斯特在现代产学合作中具有非常重要的代表价值，他的产学合作理念对教育界的发展来说具有很高的战略性。福斯特认为，当前许多地方本科教育计划难以实现都是因为受训者缺乏必要的基础理论知识与基础技能知识。基于此，福斯特认为，产学合作的过程中应该首先从课程职业化设计出发，以理论基础为切入点，最终搭建就业化平台。同时，职业院校中中、低级人才的培养应该注重走“产学融合”的道路。正是基于此，学校在开展各种职业培训计划的过程中应该从以下几个方面进行培养和改造。

第一，要控制好地方工科院校发展的规模，在拓展学生能力的基础上结合社会经济发展的现实状况。

第二，要改革好地方工科院校的课程内容，多设置一些工读交替的“三明治”课程。

第三，要控制好地方工科院校中生源的比例，有可能的话让在职人员成为地方工科院校的主要生源。福斯特产学合作的理论对包括中国在内的发展中国家的教育来说具有很好的借鉴作用。

福斯特是当今国际地方本科教育理论界深具影响力的著名学者，多年来致力于地方本科教育理论的研究。他早年毕业于伦敦大学经济学院，曾经担任过美国芝加哥大学教育学和社会学教授、比较教育中心主任；澳大利亚麦夸里大学教育学教授兼院长；美国纽约州立大学教育学和社会学教授。福斯特以他的《发展规划中的职业学校谬误》一文而闻名于世。此文发表于1965年，其许多关于职教发展的重要思想即包含在此文中。福斯特的职教思想中许多观点被世界银行借鉴，成为当今指导各国职教发展政策性文件的重要组成部分。20世纪60年代，正是西方“发展经济学”盛行时期。这一理论提出：发展中国家的经济增长“可以让政府去发挥主要作用”；可采用“集中的、非面向市场的计划模式”。受其影响，当时教育理论界有人提出了“人力资源说”，即主张学校可以根据政府的经济发展计划和“长期性的人力预测”来提供一定数量训练有素的人力储备，为经济发展服务。在教育发展战略上，这一学派主张发展中国家通过重点投资学校形态的地方本科教育和在普通学校课程中渗入职教内容，来促进经济发展。人力资源说在当时得到了包括联合国教科文组织和世界银行在内的一些国际组织的支持，成为当时发展中国家教育与经济发展的指导理论。这一学派以当时英国经济学家巴洛夫为代表。针对巴洛夫的主流派理论，作为长期致力于发展中国家教育理论研究专家的福斯特，以他多年来的研究成果为依据，写下了《发展规划中的职业学校谬误》这一名作，从教育发展的一些根本问题上系统地阐述了他的职教思想，提出了许多与巴洛夫为首的主流派不同的观点，从而在职教理论界引发了一场长达 1/4 世纪的大论战。最后，福斯特由少数派成为当今地方本科教育界最有影响的主流学派，从他这篇名作以及他之后发表的文章中，我们可对其主要思想和观点进行以下概括。

1. 地方本科教育必须以劳动力就业市场的需求为出发点

福斯特认为，受训者在劳动力市场中的就业机会和就业后的发展前景，是地方本科教育发展的最关键因素。正是基于此，职业技术教育的发展必须以劳动力就业市场的实际需求为出发点。

2.“技术浪费”应成为职教计划评估中的一项重要内容

福斯特注意到，许多发展中国家的职教毕业生的就业岗位与其所受的专业训练不一致，基于此他提出了职教中的“技术浪费”问题。他认为“技术浪费”通常是以下三个方面的原因造成的：一是国家为促进经济发展提前培训某类人才，但现有经济并不能利用和消化这些人才；二是市场需要这些人才，但被安排到与训练不相关的职位，所用非所学；三是市场需要这类人才，但职业前景和职业报酬不理想，导致地方本科教育毕业生选择了与培训无关的职业。对这种“技术浪费”资源缺乏的发展中国家应足够重视，把它纳入地方本科教育计划评估，并作为其中的一项重要内容。他还认为尽管“技术浪费”现象在发达国家也存在，但在发展中国家更严重，而由于发展中国家的资源更加有限，所以，这种“浪费”更应该引起足够的重视。

3. 职业化的学校课程既不能决定学生的职业志愿也不能解决其失业问题

以巴洛夫为首的主流派认为，通过学校课程的职业化可引导学生的职业志愿，从而避免学生不切实际的就业愿望，减少失业。福斯特认为，学生的职业志愿更多地由个人对经济交换部门的就业机会的看法决定，学校课程本身对这一选择过程并无多大的影响；失业的原因并不单是学校课程上的缺陷，很大程度上是劳动力市场对受训者缺乏实际需求。

4. 基于简单预测的“人力规划”不能成为地方本科教育发展的依据

20 世纪 60 年代是“人力规划”最时兴的时期，大规模人力预测成果作为各级各类教育与人才培养的依据，对地方本科教育的影响尤为突出。福斯特对此持批评态度。首先，他对人力预测的准确性表示怀疑，认为“经济交换部门的增长率是很难准确估计的”。其次，他对人力规划的后果表示担忧，因为，一旦经济增长率不足以吸收和消化人力规划所培养的人才，不仅会造成人力和物力浪费，还会加重社会上的失业状况。应当指出的是，在计划经济下，大规模计划是行不通的，但与实际发展密切相关的小规模的培训计划还应提倡，福斯特反对的是那种脱离市场的“大规模的”人力规划，他支持那种“与实际发展密切相关的”“小规模的”地方本科教育计划。这也是他所强调的“地方本科教育发展必须以劳动力就业市场的实际需求为出发点”。

5. 职业学校谬误论

巴洛夫等主张发展中国家用职业学校培养初、中级人才。福斯特从职校体制内部指出“学校形态”地方本科教育办学方式的局限性和一些其自身难以克服的缺陷，具体包括：职校办学成本高；培训设备很难跟上现实要求；发展中国家职业学校学生不甘于放弃升学的希望，把地方本科教育课程作升学的奠基石，学生期望与地方本科教育规划者志愿相悖；学校所设的课程往往与就业岗位所需经验格格不入，所学技能往往与现实职业要求不符，职业培训与职业工作情景不相关；不易找到合适的师资等。另外，职校的学制较长，一般要三年左右，不能对劳动力市场做出迅速而灵活的反应。正是由于以上原因，福斯特认为，学校本位的地方本科教育最终难免失败的命运。正是基于此，就结果而言，职业学校只能是一种“谬误”。

6. 地方本科教育的重点是非正规的在职培训

“企业本位”的职业培训优于学校本位的地方本科教育。福斯特认为，发展企业本位的在职培训计划要比发展正规的职校“更加经济”“更少浪费”。因为企业比职校更了解培训“产品”的标准和要求，而且企业有提供在职培训的良好条件。

7. 倡导“产学合作”的办学形式

福斯特认为，职校在人才培养上有规模效益，但鉴于职校本身一些难以克服的缺陷，必须对职校进行改造。最重要的措施是走产学合作的道路，如改革课程形式，多设工读交替的“三明治”课程；实践课尽量在企业进行，缩小正规学校职教与实际工作情景之间的距离等。另外，在生源方面，可招收在职人员。总之，地方本科教育和培训逐渐从学校本位走向产学合作。

8. 职教与普教的关系是互补关系而非替代关系

福斯特指出，成功的职教需要成功的普教作基础。随着社会生产力水平的提高，生产过程中要求人才具有更为深厚的文化基础知识。学生具备扎实的文化基础也有助于提高其以后的继续教育能力和职业转换能力。正是基于此，要在扎实的普教基础上开展地方本科教育。

9. 反对“普通教育职业化”

巴洛夫主张除大力发展职业学校外，还要在普通学校增设职业课程，实现“普通教育职业化”。福斯特认为，在发展中国家不应采用这种形式的地方本科教育。他认为，“普通教育职业化”既达不到普教的目的，也达不到职教的目的。

10. 农村地方本科教育要点

福斯特非常重视农村地方本科教育，对此提出以下主要观点。

第一，农村地方本科教育的对象是农民而非学生。

第二，农村地方本科教育的主要任务是向农民推广生产知识、新技术。

第三，农村地方本科教育必须注意农民的求知积极性：农民非常注重实际，只有当他们看到科技带来的实际收益时，才会有学习的意愿，农村地方本科教育只有与当地发展和农民收益直接相关，才有可能获得成功。

福斯特长期从事地方本科教育理论研究，并在大量调查研究的基础上提出其职教思想，有着坚实的理论和实践基础。虽然福斯特职教思想主要产生于20世纪60年代中期，但其中的许多观点今天来看仍然具有强大的生命力，如地方本科教育必须以劳动力就业市场的需求为出发点、基于简单预测的人力规划不能成为职教发展的依据、要在扎实的普教基础上开展地方本科教育与培训等，被证明依然符合当前职教发展的实际。特别是福斯特认为，"对职业学校进行改造，走产学结合的办学道路"，更是一种先进的战略定位，因为地方本科教育不同于研究型的高等教育，它不需要太多的超前理论，而是更多地注重于实践知识的传授，技能重于研究，动手操作重于理论思维。所以，注重"产学合作"，加强对职业学校学生动手能力的培养是一个永恒的主题，也是当前世界范围内对地方本科教育的一个主流认识。福斯特职教理论主要是基于当时非洲几个发展中国家地方本科教育发展的实践得出的，难免有其局限性。其局限性的核心是几乎全盘否定了"学校形态"的地方本科教育。福斯特对学校本位的职教持否定态度，显然是不符合我国的实际状况的。学校本位的地方本科教育作为我国教育的一种基本形式，已被地方本科教育法的形式规定，在现实中，职业学校仍然是我国地方本科教育中的办学主体。学校形态地方本科教育有其难以取代的优势，除了有人才培养的规模优势外，关键是在培养学生的文化基础、人文素质等方面是其他形式的职教不可比拟的。即使在发达国家，学校形态的地方本科教育仍是当今地方本科教育的主流。虽然，学校形态的地方本科教育有其局限性和一些缺陷，但是通过改革办学形式、课程体系、教学方式等手段可以加以弥补。再者，在多元化的社会，不同国家和同一个国家的不同地区，人们对地方本科教育的需求也是多方面的，应该提倡多元化的地方本科教育办学形式。

第三节　产教融合的功能与作用

产教融合就是将生产与教育有机结合起来，实现理论知识的传授与实践知识的传授的有机协调与融合，提高实践能力。通过产教融合、校企合作，能够为学生在理论学习之余，提供更多的实践机会，培养学生的岗位能力和实践水平。产教融合将企业、学校、政府、社会组织等结合起来，进行资源整合与优化配置，实现取长补短、优势互补，提高教师素质。产教融合对高校教师提出了新的要求和挑战，高校教师只有不断自我提升才能适应产教融合的教学要求。正是基于此，产教融合对提高教师产教融合的水平大有裨益，助推教学改革。产教融合是地方本科教育的新形式和新思路,是对地方本科教育的一种创新。在对产教融合教学模式进行探索与发展的过程中,高校的课程设置、教学内容、评价方式等都面临着调整和变革,进而助推地方本科教育改革的深入。产教融合的根本任务是通过创新教育形式、整合教育教学的资源、提高教育产教融合的水平,达到提高学生岗位技能和实践能力、满足社会的需要的目的。同时,产教融合有利于企业的技术革新及生产水平和效率提升,促进企业的高速和高质量发展。由此可见,产教融合是实现学校和企业共同发展、全面提升的重要手段和有效途径,是高校教育价值、社会价值和经济价值的集中体现。产教融合促使高校按照企业的需求培养人才,并将理论学习与实践知识的传授和科学研究结合起来,为企业发展提供强有力的人才支持和智力支持,提升我国企业的综合实力,促进社会主义市场经济的高速和高质量发展。

一、有利于专业定位和建设

企业和高校紧密合作,当社会经济发展的路径发生变化时,企业能够第一时间感知到,企业将所需要的人才培养标准及时传达给高校,高校及时做出响应,使专业定位始终跟上时代的步伐。从教育方面看,近一段时期以来,我国地方本科教育的一大特色是以职业学校为主体培养初入职的技术技能人才,经济领域行业企业相对脱离于人才的正规职业准备教育,出现了职业院校对产教融合、校企合作共同育人和研发的需求格外强烈,困难也格外多的情景。从经济领域看,我国正在进入工业化中期,努力实现产业升级转型、建立创新驱动的现代产业体系,对复合型和创新型技术技能人才的需求在倒逼行业企业做出变革。企业拥有丰富的技术能手,对于行业需要的人才定位比较清楚,能够给专业定位和学科发展把脉。产教融合、校企合作培养技术技能人才是国际地方本科教育成功国家的共同规律。呼唤和渴求产教融合、校企合作培育技术技能人才在我国有着深刻的教育和经济背景。从经济领域看,我国正在进入工业化中期,努力实现产业升级转型、建立创新驱动的现代产业体系,对复合型和创新型技术技能人才的需求在倒逼行业企业做出变革。发展所面临的体制机制困境,保障技术应用和技能人才发展的实践问题,具有重大的研究意义与价值。

产教融合、校企合作培养技术技能人才是国际地方本科教育成功国家的共同规律。党的十八届三中全会指出,全面深化改革的总目标是完善和发展中国特色社会主义制度，推进国家治理体系和治理能力现代化。当前地方本科教育的体制机制不畅、承担和参与主体缺位、相关制度不匹配、政策措施不协调、发展动力不足等问题成为制约地方本科教育发展的瓶颈。推进国家治理体系和治理能力现代化，为解决上述地方本科教育的瓶颈问题提出了全新视角、顶层思路。地方本科教育作为与社会经济发展密切相关的一种教育类型，同时肩负着面向人人和培养高技能人才的重任，关乎国家的经济发展与社会和谐。地方本科教育治理体系与治理能力的现代化，是国家治理体系与治理能力现代化不可或缺的一部分，对全面深化改革，推进国家治理体系和治理能力的现代化具有重大意义。改革开放以来，在政府及各部门的积极努力下，地方本科教育的发展取得了巨大成就。但是，目前与我国经济社会的需求和人民群众的期盼相比，地方本科教育发展依然面临很多困境，许多问题表面看似乎在地方本科教育自身，而其实质是地方本科教育的外部制度、体制机制使然。

“十一五”以来，我国地方本科教育的校企合作创设了“订单式”培养、工学交替、校中厂、厂中校、“政、校、企”三方联动等一批具有区域行业特色的校企合作人才培养实现形式，形成了“合作办学、合作育人、合作就业、合作发展”的校企合作人才培养理念，但是地方本科教育校企合作也遇到了较多的困惑、问题和困难，尤其是参与各方对地方本科教育校企合作的国家制度政策的缺失体会颇深，对地方本科教育在国家政策、制度层面的顶层设计改革有着较为迫切的诉求。实行校企合作、工学结合的地方本科教育人才培养模式，是技能型人才培养的有效途径，体现了地方本科教育的本质特点。地方本科教育所肩负的培养技能型人才的任务需要职业院校与行业企业共同承担，日益成为职业院校、广大企业和社会各界的共识。

从“单维”管理理念转向“多元”治理理念，在治理理论的指导下，借鉴国际经验，研究地方本科教育的多元治理主体的权责、实行管办评分离、多样化治理工具、完善的治理制度体系、治理指标体系、治理的制度包与工具包等，具有巨大的经济和社会意义。首先，完善地方本科教育治理体系、实现地方本科教育治理能力现代化，将有助于我国数以亿计的技术技能人才的培养和可持续发展，有助于地方本科教育突破上述制约瓶颈和困境，增强地方本科教育服务产业结构调整、经济发展方式转变的针对性和实效性。其次，对地方本科教育治理体系和治理能力现代化的研究，增强人民群众学有所教、学有所用的终身学习途径和机会，依靠地方本科教育提升国民素质和发展能力，提升体面就业、幸福生活的民主和谐境况。党的十八届三中全会进一步指出："加快现代地方本科教育体系建设，深化产教融合、校企合作，培养高素质人才和技能型人才。"

二、有利于课程建设

课程体系是学科发展的载体，企业岗位的各项技能都需要通过课程体系来实现，通过相应课程来培养对应岗位技能。我们曾经就校企合作中存在的问题以及校企合作参与各方对政策的诉求做过一次全国性的调研，主要是选取经济发展较快、地方政府认识较充分、政府政策环境较宽松、经费投入力度较大、企业参与地方本科教育的意识较强的地区作为样本进行调研。

调研发现，职业院校的校企合作中既有老生常谈的旧问题，也有发展过程中的新问题，需要政府统筹考虑解决的办法，整体推进合作的发展深化。企业对岗位职责有比较全面的了解，能够对各工种工作任务职责做出详细规划，然后将岗位职责标准转化成课程标准，企业项目实例转化为课程教学的案例。我国地方本科教育校企合作存在政府、行业、企业、院校、学生五大层面的问题，这些问题是系统培养高端技能型人才以适应经济发展方式转变和产业结构升级的重大障碍，是当前中国地方本科教育宏观政策亟待破解的焦点问题。

地方本科教育校企合作中存在的问题主要是企业主体缺位、行业企业参与度不够，反映出经济领域缺少支持产教融合的配套制度。产教融合不仅应该是教育制度，而且应该是经济制度、产业制度的组成部分。

1. 政府作用的边界与市场治理结构的作用发挥

当前，在经济领域中，法律上基本没有涉及产教融合、校企合作的制度内容；在教育领域，有关法律主要是1996年实施的《地方本科教育法》，但迄今还没有与其配套的下位法，只有地方制定的地方性法规以及国务院相关部门制定的部门规章，力度不够。近年来，国家从认识上重视地方本科教育校企合作的制度和机制建设，各地不断探索实践，校企合作取得了显著成就。但国家和地方本科教育校企合作法制建设仍然十分薄弱。国家层面上存在的相关问题表现如下。

第一，政府自身对如何发挥主导作用认识不足，对实现主导作用的形式和路径缺少探索和经验积累，相关校企合作的法律和政策制度不健全，协调引导作用有待加强。

第二,校企合作的管理制度和模式尚不完善,政府及其部门参与的职责分工有待明确。

第三,政府主导不足,导致校企合作多方参与、沟通对话、经费投入引导和保障机制、监督评价体系等还不完善,资源整合力度不够,对参与地方本科教育优惠政策宣传力度不够。

第四,政府支持的社会化评价体系不健全,参与合作的企业资质缺乏明确规定和认定,企业参与合作的效果缺乏整体评价。

第五,职业准入、职业资格证书与人才培养的关联性不够,校企合作的教育规范和标准不够成熟。

2. 行业指导能力的缺失与弥补

我国法律没有明确规定行业协会在地方本科教育发展中的地位和作用,使得行业组织的协调指导作用没有得到充分发挥,在制定行业岗位标准、课程标准中的主导作用发挥不够充分,行业组织对地方本科教育的校企合作的监督机制尚未建立,行业协会与地方本科教育的交流对话制度有待进一步完善。

我国地方本科教育的发展对行业寄予了极大的期盼,教育部门成立了 59 个地方本科教育行业教学指导管理协会,教育部门出台了利于发挥行业作用的政策文件,但是实际上行业组织指导地方本科教育的作用还远远没有发挥出来。在我国经济领域,行业组织自身的能力和作用尚未有良好的发展,行业指导地方本科教育的权限不明确,支持和鼓励行业组织参与地方本科教育与培训的政策尚不健全。此外从整体上看,我国行业自身独立发展的水平有限,指导地方本科教育发展的能力不足,自身能力尚需逐步培养,不具备德国等发达国家的行会制定标准、主持考试、颁发资格证书的权利和能力。

3. 企业作为育人主体的作用和责任缺失

第一,企业应该成为地方本科教育和培养未来员工的主体,但我国地方本科教育处于市场治理结构发展的初期阶段,企业界表达意愿的机会和条件尚不成熟,参与职教的内驱力不够。

第二,企业缺乏战略发展理念,参与校企合作动力不足,社会责任意识不够,合作关系大多靠感情维系。

第三,现有的合作组织管理不健全,在具体学科发展、课程开发以及对就业前实践的管理等环节中，企业大多处于被动状态，教育培训的标准和规范缺失，合作流于表面形式。

第四，以体力依赖为主而非技能依赖为主的企业大量存在，企业转型升级尚未完成，缺乏参与技能型人才培养的基本动力。

4. 职业院校校企合作育人和研发的制度尚未到位

第一，缺乏现代学校制度理念，校企合作的治理机制、合作发展机制不健全，整合资源能力不够。

第二，品牌创建意识不够，专业水平和技术技能积累不足，难以引领行业发展。

第三，技术服务能力较弱，难以吸引企业参与。

第四，人才培养模式创新不足，未能确立被校企双方共同尊重的教育规范和标准，难以适应产业需求。

第五，学生实习监管不到位，难以保证实习产教融合的水平。

5. 学生实习活动性质错位与纠正

就业前实践应该是教育环节，其活动的性质是教学活动。这一点不容置疑。实际的工作不能直接代替就业前实践，也不能等同于就业前实践。在我国地方本科教育的实际中，一是学生的岗位实操和实训内容、要求与企业的人才定位，与工作岗位要求不太相符；二是学生在企业实习的内容、场地安全、工作时间等未有明确的规定；三是学生责任心、吃苦耐劳能力等品质的培养尚未有清晰的标准。

三、有利于提升教师的社会服务能力

校企双方经常互派人员轮岗实训，企业派专业技术人员到校为师生讲学，有利于提高师生的实践操作水平。高校派教师下企业锻炼，在企业生产一线，教师实践能力能够得到比较大的提高。研究、探讨校企合作促进政策的制定和实施是一项重要的攻坚任务，需要深挖现存的问题，运用理论分析其原因，并将其放在国家宏观层面来思考解决的思路和办法。我国地方本科教育的主体是职业学校，主要由教育部门统筹管理，但教育部或者任何单一部门都无法有效地解决地方本科教育校企合作的跨部门、跨领域问题。

2009 年，“宁波市地方本科教育校企合作促进条例”开始施行，这是我国第一部地方性地方本科教育校企合作促进法规，为明确职业院校、企业和政府部门职责，预防学生在实习期间意外伤害事故，保护企业商业秘密等提供了法律依据，为宁波地区职业院校和企业合作培养高素质技能型人才，促进校企合作可持续、健康发展提供了法律保障，是完善我国地方校企合作法规的重要标志。地方本科教育实行校企合作和工学结合的人才培养模式，不仅是培养应用型、技能型人才的基本做法，而且符合我国关于教育同生产劳动相结合、培养全面发展的人的基本教育方针，为加快制定国家地方本科教育校企合作促进法规提供了宏观性的思想框架。鼓励地方先行先试，吸收地方创新经验。许多地方对校企合作的认识水平程度不断提升，认识到人才培养合作项目的收益与产品研发等合作项目的收益相比，回报较低而投入较大。高校教师所接触的理论知识较多，但实践方面的技能比较缺乏，大部分高校教师都没有太多的项目经验，通过产教深度融合可以提升师资水平。教师在企业真枪实干，掌握了好的技能后，再结合自身丰富的理论知识，就可以提出有创新性的想法，帮助企业解决实际问题。

正是基于此，需要国家统筹地方本科教育校企合作政策，进行顶层设计。国家从教育、经济和劳动三方面建立法律性框架。目前，《中华人民共和国教育法》《中华人民共和国劳动法》和《中华人民共和国地方本科教育法》中关于教育与生产劳动相结合、教育为经济建设服务、经济建设依靠教育以及地方本科教育校企合作的规定，对于促进校企合作的发展发挥了一定的作用，其条款大多是宏观性规定，相距建立良好的地方本科教育产教融合制度的需要还有很大差距。国家应从教育、经济、劳动三个领域修改现有法律和新增相关的法律，为加快建立国家地方本科教育产教融合校企合制度提供宏观性的法律框架。调查显示，企业所能为职业学校提供的资源中，提供实训设备、为学校提供资金等被排在末位，因而，参与地方本科教育的企业需要政府优惠、补偿政策的引导。

四、有利于学生就业

企业参与人才培养的全过程，按照自身的人才定位进行人才培养，这样学生便能够第一时间掌握行业最新技术，毕业后即可以在相关企业就业，这样便有利于提升就业率和就业产教融合的水平。

地方本科教育校企合作分类是指根据地方本科教育校企合作的共同点和

差异点，采用一定的标准和方法，依据一定的原则，对其进行系统的划分和归类。本研究依据参与主体、企业所依赖的人力资本类型、企业采用的生产方式，以及校企合作中涉及的专业类别等对校企合作进行了分类，并研究了各类校企合作的特点，以期发现不同类型校企合作的政策诉求。在多样的校企合作类型中，并非所有类型的企业都能积极参与校企合作。例如，知识依赖型企业、手工生产方式下的企业等，他们的合作意愿低，参与合作的面比较窄，形式比较单一，对这些校企合作，政府及各部门应加强引导，不过分鼓励、不强制实施。手工业生产方式下的校企合作，合作的周期长，培养学徒的技能全面，产教融合的水平基本有保障。在政策上，应引导这类企业参与校企合作。体力依赖型企业的一线工作具有简单重复、劳动的知识技术含量低、用人不分专业、计件工资制等特点，是职业院校技术技能人才培养的天敌，尽管体力依赖型企业十分需要实习生的顶岗劳动，对职业院校的学生很有热情，但是这类企业却不适合培养人才，政策上也不应该鼓励与这类企业进行校企合作。

第三章
产教融合培养人才的实施策略

产教融合培养应用型人才的模式在我国兴起和发展的时间比较晚，不管是在理论探索层面还是在实践探究层面需更多地借鉴前人的成功经验。因此，本科高校在产教融合过程中如果有受挫或者是终止的现象，应该从教学理念、师资队伍建设、教学模式、评估体系、社会参与、政府保障体系六个方面进行全面考虑。

第一节　树立需求导向的教学理念

以需求为导向的教学理念对于本科高校产教融合培养应用型人才能够起到助推的作用，要科学定位人才培养目标，牢固树立产教融合人才培养理念，转变教师育人观念和教学观念。

一、牢固树立产教融合人才培养理念

当前，我国许多本科高校对产教融合的理念以及认知方面还存在着不到位、不充分、不重视的现象。而许多本科高校即便响应了国家的号召，开始使用产教融合人才培养的路径，在教学的模式和方法上也过于依赖教师，并没有认识到产教融合的教学要求是要将传统的教学要求与技术能力上升到平等重视的层面上。这种认知意识无疑会影响本科高校产教融合的开设过程与推进进程。

高校在开展产教融合的过程中，应该不断提高自身对产教融合的认知程度，面对地方经济市场积极地与地方各大企业展开合作项目进行开放式办学，将产教融合培养人才的模式上升到本科高校的办学特色与办学优势方面。让学校的教学管理制度能够依靠地方企业的市场经济发展趋势，开拓出更多的实

训基地与岗位培训机会，让本科高校的学生还没有走出学校、走上社会就已经适应经济发展的规律，具备工作岗位中的适应能力和竞争能力，让本科高校真正地走上“以市场为向导”的产教融合战略发展道路。[1]

二、科学定位人才培养目标

当前，本科高校应该根据地方经济发展的程度、需要等来对学生进行科学、合理的人才定位培养目标。在就业形势非常严峻的今天，本科高校只有根据经济发展的切身需求来培养目标人才，才能够让学生“人人都能就业”。总的来说，本科高校还是要以培养“服务社会型”“应用型”人才为主，在人才培养的目标上要确保培养出来的人才是社会需要的，是符合国家经济发展规律、不被社会所淘汰的。

三、转变教师育人观念与教学观念

转变教师的育人观念和教学观念就是为本科高校的产教融合教育模式创造出一条高效、科学的途径。这是因为产教融合培养的选择、更新以及传递等工作都需要教师来完成。本科高校的教师们应该从以下两方面开展培养学生的工作。

第一，本科高校的教师应该主动、积极地深入到地方企业（行业）等用人单位和组织中，探索出它们的就业需求和就业特点。然后根据这些需求和特点直接转换成在课堂上讲授的内容，以提高本科高校学生积极就业和积极创业为出发点，培养学生们对知识的应用能力和实际操作能力。有针对性地明确教学的方向，培养出地方企业（行业）单位所需要的毕业生。

第二，本科高校的教师在理论教学的过程中，还需要有意识地将教学内容进行有效整合。尽管国家一直强调本科高校的理论知识内容做到“必用”与“够用”就好，但并不是说本科高校的老师就可以将理论教学内容进行不断的压缩和减少。教师们应该转变好自己的教学理念，根据地方企业岗位就业的需求，将相关学科的重要知识，整合、精简成适合学生就业发展趋势的理论教学内容，

---

[1] 陈裕先，谢禾生，宋乃庆．走产教融合之路培养应用型人才[J]．中国高等教育，2015(7):41-43.

从而让学生在将来就业的过程中能够具有足够的素质技能和理论知识，适应多个相关工作岗位。

第二节　加强师资队伍建设

产教融合应用型人才的培养要求教师兼具扎实的理论知识和较强的实践应用能力。所以学校要根据产教融合发展的动向，强化双师型教师队伍的建设，积极引进兼职教师，最终建立充满活力的教师队伍管理体制。

一、强化双师型教师队伍建设

本科高校的教育属性决定了其师资队伍能力方面的特殊性。在本科高校中，教师们除了要具备一定的教学技能，还需要具备一定的生产实践技能。而教师如果同时拥有这两项技能，对产教融合培养模式的开展无疑是非常有帮助的。因此，本科高校应该从师资队伍的建设入手，强化本科高校种双师型教师队伍的建设。在强化双师型教师队伍建设的过程中，应该注意以下两个方面。

第一，强化本科高校的教师培训工作，以便提高学校中"双师型"教师的整体素质。为了强化好双师型教师队伍，可制定一系列师资队伍建设的政策。

第二，在对"双师型"教师的要求上，不能只框定教师要有"双职称"(教师系列职称和专业技术职称)或者"双证书"(毕业证书和技术等级或岗位合格证书)，而应要求教师要有深厚的理论知识水平和熟练可靠的实践生产操作经验。针对这项要求，本科高校还应该积极地为教师队伍提供提高素质能力的培训平台。例如，聘请企业中的企业家、专家来学校为教师开展讲座活动，或者将教师分派到企业中去，深入企业内部参与生产实习活动，让本科高校教师队伍的整体素质能力水平得以提高，从而提高整体"双师型"教师队伍的素养。

二、建立充满活力的教师队伍管理体制

当前我国产教融合应用型人才培养在各大高校如火如荼开展，本科高校非常有必要对师资队伍进行集体管理和集体加强，以便师资队伍的素质能力能够得到提升。

本科高校在加强教师队伍管理工作方面应该主要采取相应的激励制度与

制约制度。在激励制度方面,本科高校可以通过物质激励和精神激励两种办法对教师队伍的教学技能、生产技术等的熟练程度进行考核,以保证本科高校中的师资队伍能够时刻以积极的心态参与到产教融合培养中。在制约制度方面,本科高校可以通过职称评定的方式对教师队伍进行制约。在职称评定的过程中,将教师的产教融合实践教学活动、教学质量等作为评定标准,重视实践环节、应用能力等方面的评定工作。

同时,本科高校还应该在加强教师队伍管理的过程中,完善好工作考核制度,鼓励教师们将教学能力和教学实践活动在产教融合培养的过程中一并体现出来,使得教师在平常的教学工作中有章可循、有规可循,从而提高本科高校产教融合培养的质量。

三、积极引进兼职教师

提高教师队伍的素质,才能够为应用型人才的培养提供更多的保障,然而人们应该清楚地认识到,当前师资队伍总体上还是以"理论教育人才"居多,这对产教融合工作的开展毫无疑问起着阻滞的作用。因此,在师资队伍的建设上,还应该积极地从社会上、企业中、行业内引进实践能力较高的兼职教师,以弥补教师队伍在实践教学能力方面的不足。这样不仅可以让学生们学到生产一线中所需具备的技能知识,还可以让教师们能够及时了解到企业对人才需求的信息,及时进行教学内容的调整。

同时,本科高校在与地方企业展开校企合作的过程中,可以为教师提供各种培训渠道,实现"教师与师傅"相互对接的模式,增强本科高校中教师队伍的实践能力。

第三节　完善与改进教学模式

对于应用型人才培养,在教学模式方面要打破以教师讲授为主的填鸭式教学模式,要以学生为中心、能力为本位,采用突出实践性的教学模式,并在专业布局上以市场需求为导向、课程体系上以就业为导向。

一、以市场需求为导向的专业布局

总体来说,本科高校在规划专业的时候要考虑学校自身的发展要求、学校的就业要求以及企业的人才需求，因此本科高校在改善教学模式的过程中应该从合理规划专业布局与设置方面入手。

第一，专业布局要与地方经济产业结构相匹配。本科高校的人才培养目标决定了其在人才培养战略上需要考虑到其专业设置是否与地方企业岗位对口。因此，学校在设置专业的时候，可以以地方市场为向导，从社会需求出发，灵活地设置专业，让本科高校的专业布局与地方产业结构形成合理对接，避免本科高校专业结构与地方产业结构发展不均衡、比例不协调的局面出现。

第二，专业布局要根据当地的市场，发掘本校的专业特色，积极地设置特色专业。如此才能培养好本校的特色人才，培养出更多企业需要的毕业生。同时，本科高校在把握市场、设置特色专业时还应该时刻把握学校自身的特色，切忌随波逐流或盲目自大，要设置出既符合学校校情又能够满足市场行情的专业。

第三，要力求所构建的专业能够形成均衡的人才供需结构，避免地方企业对人才的需求出现供不应求或供过于求的情况。这就需要本科高校在规划课程专业的过程中对于比较饱和的专业要控制好其招生量，而对于那些地方企业（行业）需求量大的专业性人才，学校则应该根据供求关系，多设置相关专业并进行扩招，以确保学校在专业的设置与产业结构的发展方面一直处于协调状态，从而保证本科高校毕业生的就业率与就业质量。

二、突出实践性的教学模式

本科高校还应该从完善教学模式入手，积极探索出适用于产教融合培养人才路径的教学模式。这种教学模式还应该主动地适应企业的需求，如此才能够保证其生命力的延续。

第一，实践是产教融合实施的有效途径，体现在教学模式上即增加实践课与实训课的比重，争取做到一学一练，在教师传授完相关方面的文化知识后就进行相关的实训实践课。教学模式的完善离不开完善的保障机制，保障机制体现在教师正常授课、课后实训、阶段性实训、在企业中的实训等不同阶段。

第二，建立专业的指导组织机构。这种机构的任务在于调整和完善学校的教学模式，然后针对企业发展过程中对人才的需要，调节本科高校的人才培养目标、教学大纲、技能考核制度等，以此来完善学生们的知识技能。

第三,探索出一套比较弹性化的学习机制,在学分制的教育教学机制之下,增设本科高校的选修课程,从而发展部分学生本身所具备的特长,让学生们能够有更加全面的知识和技能去适应岗位。

三、构建以就业为导向的课程体系

本科高校应用型人才培养的最终目的是毕业生成功就业,为地方企业的发展做出应有的贡献。同时,本科高校中课程的设置对应用型人才培养的质量也起着决定性的作用。因此,本科高校要以培养应用型人才为根本目标,以学生就业为基本向导,从以下几个方面构建好课程体系。

第一,要树立好培养应用型人才的课程观念。本科高校办校的宗旨就是服务社会主义市场经济,这种办学宗旨就决定了本科高校在人才培养上需要树立好应用型人才培养课程观念,切实深入地方企业(行业),了解市场,把握地方企业(行业)中所需要的技能、素质、知识等,然后以市场实际需要来开展教学,培养出市场所需要的应用型人才。

第二,在构建课程体系的过程中要做到针对学生个体的身心发展情况,以学生的能力为参考依据。尽管教育部早就规定了本科高校理论课程与实践课程的时间上至少要 1∶1,但是在产教融合的过程中,学校还是应该考虑到学生个体的能力,对学生实践能力比较差的,要适当增加实践教学课程;有的学生理论知识文化方面欠缺,学校就应该增加文化课的开设时长等。

第三,在构建课程体系的过程中,要从整体上进行优化。学校在进行课程设计的时候,要明确选修课和必修课之间的关系,把握好课程的设计目标和整体育人作用,以避免学生出现一窍不通的现象。同时,本科高校在产教融合的教学模式之中,还要在传统的教学模式上积极地寻找突破,确保做到学校对接好企业、教师对接好实践师傅、教室对接好企业车间、学生对接好学徒等。

第四节 建立持续改进的评估体系

没有规矩,不成方圆。评估体系也是提高本科高校产教融合培养应用型人才不可或缺的一部分。近些年我国高等工程教育评估体系持续发展并取得很大成效,应用在本科高校产教融合培养应用型人才上则应建立持续改进的评估体系。

一、过程取向评估与主体取向评估相结合

从克隆巴赫开始，教育评估学界就试图突破把评估仅仅看成总结性评估的狭隘观点，强调形成性评估的地位和作用。克隆巴赫强调“评估能完成的最大贡献是确定教程需要改进的地方”，他认为教育评估是“为获得教育活动的决策资料，对参与教育活动的各个部分的状态、机能、成果等情报进行收集、整理和提供的过程”。过程取向的教育评估把教育过程的全部情况纳入教育评估范围，强调评估过程本身的价值。因此，教学过程的评估主要在教研室层面进行，教学过程包括专业培养计划的执行、课堂教学的组织与管理、考试与考核形式的改革、教学大纲的制定与执行、能力培养与专业建设、实训教学等环节。

在教学过程中，严格遵循高等教育的质量培养目标，强化实践教学，通过提高教学过程质量来保证人才培养目标的实现。

主体取向的教育评估强调，评估不是依靠外部力量的控制和推动，而是每个主体通过对自己行为的“反省”获得主动发展，主体的发展由自己主宰，主体是“自主”与“责任”的统一。在教学过程中，教师承担的是产品生产者的角色，是教学过程和教学计划的最后执行者，教师教学能力决定着学校的教学质量与发展水平，高校教师的教学工作评估体系应以教师的素质水平、工作质量、工作成果作为最主要的评估指标。主体取向的教育评估在本质上受“解放理性”支配，倡导对评价情景的理解而不是控制，它以人的自由与解放作为评估的根本目的。主体取向的教育评估主要用于对教学主体即教师的评估。

过程取向评估的优点是关注过程的变化，寻找变化的原因。过程取向评估的评估指标覆盖教学过程的方方面面。教研室是组织教学活动，落实各项教学管理制度、规范，保障教学质量的基本单位。

二、形成性评估和终结性评估相结合

形成性评估（即平时成绩）包括考勤、作业、测验、课堂表现、实验测评、实训考核等形式，终结性评估（即期末考核成绩）采用教考分离的闭卷笔试形式。形成性评估要全面化、多元化，评估内容和评估方式应发挥想象力和创造力，要将注意力转移到学生发展过程上，关注学生成长。不仅要有教师对学生的评估，

还可以采纳学生的自我评估和合作评估。通常来说可采用的评估方式有学生自评、学生互评、教师评价、合作评价(师生合作建立学生学习档案)等,在评估结果中各占相应的比例。通过多元化的评估方式,可以帮助学生更全面地认识自我、提高学习动力、树立学习目标与信心,并实现多元化智能的自主发展。

评估方式的改变会直接导致教学形式的改变。在注重形成性评估的体系下,教师会主动开发丰富多样的教学内容,采用生动有效的教学形式,如生产情景模拟、PPT 展示与汇报、热点话题讨论、模型比赛、实训考核等,创设以学生为中心、充满生趣的任务驱动型课堂。学生也会充分参与到日常课堂教学,以积极的态度完成各项任务,这样实训课堂才能真正成为促进实践能力提升、促进实训交流的重要场所。

第五节　提高社会参与程度

在实施产教融合培养应用型人才的过程中,应保证企业作为产教融合培养应用型人才实施主体的能动性,保障企业持久参与的积极性,保障产教融合培养应用型人才组织实施的有章可循,实现无缝衔接。这些问题不仅影响着产教融合培养应用型人才的实施效果,更影响着产教融合培养应用型人才的持续稳定发展。

一、企业应该改善人才发掘的渠道

企业为了适应激烈的市场竞争,在任何时候对人才都有着不同的需求,然而有时企业对人才的需求却未必能够及时地得到满足。因此,地方企业完全可以依靠本科高校,积极地参与到产教融合培养中去,挖掘更多的人才,在满足企业自身发展需求的同时,又为本科高校应用型人才的培养做出贡献,这是一举两得的好事。企业在参与产教融合的过程中,可以从以下几个方面去改善人才发掘的渠道。

第一,企业在参与产教融合的过程中,需要找到自己对人才的切实需要,然后根据这种需要与本科高校产教融合相关教师一起制定产教融合的制度、章程、内容等,让学校培养出来的学生能够直接满足企业需求。

第二,企业在参与产教融合的过程中还应该建立起各种学习型组织机构。

企业可以为本科高校产教融合的教师、学生提供更多的实习岗位和适应市场的机会，让教师在教学过程中能够宏观把握应用型人才培养的方向，让学生能够还没出校门就拥有足够的生产实践经历，在未来更好地服务企业。

第三，企业在参与产教融合的过程中，还可以多开设一些产教融合的研讨会、总结会议等，让企业的员工、管理人员等也能够从中学到更多的企业生产理论知识，扩宽企业员工的知识面。

二、企业应该转变观念，深入参与产教融合

企业作为本科高校产教融合培养模式的重要参与者，应该主动积极，这样不仅能够为本科高校应用型人才培养贡献力量，还能够为企业打下良好的人才储备基础，更能提高企业的社会形象，树立企业在市场中的威望。因此，企业在参与产教融合的过程中转变自身的观念尤其重要。

首先，企业在产教融合的实践活动中，应该将企业的管理制度、经营理念、竞争意识等纳入本科高校产教融合的教学内容之中，这样一方面有利于本科高校产教融合培养机制能够与企业正式对接，另一方面有利于产教融合在企业的支持下进一步发展。

其次，企业在参与产教融合的过程中，还应该树立自己的品牌文化，培养整个企业的文化素养氛围。企业的员工如果能够积极地参与到产教融合培养中去，主动到本科高校学习，可以形成极浓的学习氛围。

最后，企业在参与产教融合的过程中，还应该为本科高校在资金方面、技术方面提供相应的支持，使本科高校与企业之间的产教融合模式，能够在双方得益的良性互动中开展起来。

第六节　建立健全政府保障体系

健全的政府保障体系可以确保本科高校教学质量的稳定增长，以保障产教融合的顺利实施与运行。可以从加大教育经费的保障与投入、建立良好的制度保障体系和建设相关的监督管理制度三个方面入手。

一、加大教育经费的保障和投入

经费保障机制是产教融合实行的基本动力，相关政府部门应该意识到经费

在产教融合培养过程中的地位,加大产教融合经费在地方区域中的总体比重。相关部门可以从以下四个方面开展起来。

第一,各级地区政府在资金政策上加大本科高校的投入比重,改善一直以来本科高校在教育经费上没有综合性本科高校那么全面和丰富的现状,使本科高校能够有更多的教育经费来完善产教融合培养途径。

第二,相关政府可以在开发贫困地区的资金当中拿出一部分,用于支持偏远地区的本科高校产教融合制度,保证偏远地区的本科高校能够有稳定、充足的教育经费保证产教融合培养模式的可持续性。

第三,相关地方政府应该出台相关的优惠政策和资金资助政策。对本科高校中产教融合培养模式做得比较好的学校给予适当的奖励和鼓励经费,以作为它们在产教融合培养过程中所做出努力的回报。

第四,在为本科高校提供教育经费的手段上,政府部门还可以通过建立专项资金资助、财政支付转移、银行贷款免息等手段来实现。

二、建立良好的制度保障体系

地方政府如果能够建立起良好的制度保障体系,对促进地方企业和学校开展产教融合培养模式无疑是非常有益的。制度的建立不仅可以保护企业与本科高校彼此间的合法权益,还能够提高企业参与产教融合的积极性,让本科高校中产教融合的实行中不再是一厢情愿。地方政府在建立良好的产教融合制度保障体系的时候,应该从以下两个方面开展。

第一,地方政府以及相关部门应该在借鉴国外先进产教融合模式的基础上,从本科高校的校情和地方经济发展的实况入手,研究出本科高校实施产教融合政策的具体细则,让本科高校中的产教融合培养应用型人才发展战略能够向更深的层次开展。

第二,地方政府在已经应用的产教融合的制度体系方面,要积极引导好产教融合相关方面的合作关系。做好利益分配、知识产权共享、信贷优惠、职称评定优先等方面的工作,以保证产教融合的各个组成机构都能够有兴趣、有干劲地开展产教融合人才培养模式。

三、建设相关的监督管理制度

当前,相关政府部门在面对高校产教融合过程中还存在问题,应该建立好相关的监督管理制度。只有经过政府部门组织与协调监督，本科高校以及地方企业才能够在一种公平、正义的环境中发展产教融合培养路径，让产教融合的各个链端都能够享有各自该得的权益。政府部门在建设监督管理制度方面应该从以下两个方面开展。

第一，相关政府部门应该利用产教融合过程中有效的行政手段，成立各种地方行业协会、教育协会、产教融合协会等，让政府部门组成相关的产教融合指导委员会，从而有效地促进本科高校产教融合的发展。

第二，本科高校在产教融合培养推进的过程中如果出现了问题，相关政府部门应该为本科高校以及企业提供相关的指导、咨询工作，从而让产教融合模式具备导向性。

第四章
新工科产教融合人才培养模式

第一节　新工科背景下产教融合教学模式实践研究

一、引言

现今世界范围内新一轮科技革命与产业变革正在不断深化，人工智能、大数据、物联网等新技术迅速发展，世界各国综合国力的竞争也愈发激烈，这对我国高等工程教育的发展以及创新型工程科技人才的培养提出了更高的要求。2017 年 2 月以来，教育部为积极推进新工科建设先后形成的“复旦共识”“天大行动”和“北京指南”等文件，可以看出我国正积极探索新工科建设模式，主动适应新技术、新产业、新经济发展，培养大批新兴工程科技人才，打造工程教育强国。

如何在积极建设新工科的背景下，对接当前和未来产业发展，深化工程人才培养改革，加快现有工科专业转型升级，培养更多适应未来新技术和新产业发展的工程科技创新型人才，亟待教育工作者进行深入研究。

二、新工科背景下高校工程教育面临的问题

1. 培养计划的制订难以对接新技术发展需求

为了培养符合新工科建设要求的具有创新创业能力的高素质卓越工程科技人才，服务产业转型升级，高校工程教育面临的首要问题就是培养计划的制订。高等学校在制订专业培养计划的时候，出于追求稳定性的考虑，往往会出现时效性不足、对新技术的反应不够敏感等问题，造成培养目标不能精确对接新兴产业需求，对学生工程能力的培养出现缺陷。

2. 教学内容与新工科教学理念脱节

新工科背景下，“新”的教学内容与教学方式必不可少。在传统高等工程教育中，教学内容相对独立，与其他学科交叉融合部分较少，与新技术、新产业结合程度不高，教学方式主要为单一的课堂讲解，难以激发学生学习兴趣，学生能力难以满足当前社会对多元化、创新型卓越工程人才的需求。

3. 学生实践动手能力较弱

工程能力的培养不能单纯依靠理论教学，学生实践动手能力的训练也至关重要。当前许多高校因为硬件设施不足等原因，造成学生有关大数据、人工智能、云计算、物联网等新兴技术的实践训练较少，毕业生动手能力较差，不能适应新技术的发展。

4. 教学团队的工程能力不足

在传统教师考核体制下，大多高校教师仍以理论研究为主，缺乏主动提高自身工程能力的意识，对新经济背景下的技术变革并不敏感，这也是高校教学内容理论与工程实践存在脱节的重要原因之一。

5. 对毕业生工程能力的评价关注度不高

当下高校工程教育一般重点关注“培养什么能力”和“如何加强该能力”的问题，却对“如何评价学生能力”的关注度不够，不能精确把握专业毕业生能力的缺陷以及专业自身培养模式的不足，教学改革效果始终不明显。

三、新工科背景下产教融合教学模式的优势

世界上许多国家在培养工程人才的过程中都采取与企业合作的方式，如德国“双元制”模式、英国“三明治”模式以及澳大利亚的“TAFE”模式等。学校之所以和企业共同合作，主要原因在于，与传统高校相比企业拥有以下几点优势。

1. 准确把握当前新产业、新技术发展动态

随着经济的发展，国内外市场竞争愈发激烈，企业为了保持自身核心竞争力，不仅要时刻把握当前行业内最新技术发展动态，更要清楚本行业未来技术发展趋势及未来对专业人才的需求。此外，企业结合多年用人经验，对当前高校毕业生的能力不足十分清楚，对如何提高学生工程实践能力也有着自身的见解。因此，企业不仅可以为高校提供当前行业内技术发展现状及发展趋势，还

能对高校工程技术人才的培养提出指导性意见，实现从学科导向转向以产业需求为导向，推动新工科专业建设。

2. 拥有更加先进的技术与设备

为满足国家大力发展新技术、新产业的需要，培养更多新工科人才，先进的技术与设备必不可少。但高校由于资金限制等原因，不可能经常性更新学生实验实训所需的硬件设施，造成学生对当前最新技术的理解不够深入，毕业生工程创新能力不足，不能立刻适应企业的工作。而企业为了在市场竞争中保持优势，必须不断更新自身技术与设备。高校与企业的合作可以深化学生对新技术的理解，培养出更加符合新产业发展需要的卓越工程人才。

3. 拥有经验丰富的工程技术人员

传统高校对教师的聘任和考核制度导致高校教师理论知识丰富、工程实践经验较少。与此相反，企业工程技术人员在工作过程中积累了大量的实践经验，拥有较强的工程实践能力。高校教师和企业工程技术人员的优势互补，能够使学生更好地将理论与实践结合，大大提高学生的工程创新能力。

4. 拥有更多工程实践的机会

企业实习是产教融合教学模式的重要组成部分，学生在企业中开展各项工程活动，参与工程方案的设计和工程问题的解决，学习企业的创新意识，既加深了学生对在校所学知识的理解，也提高了实践动手能力。此外，学生在企业实习的过程中，学习企业先进文化，遵守企业规章制度，培养了学生的敬业精神，加强了学生的工程职业道德和社会责任感。

四、新工科背景下产教融合教学模式研究

在新工科背景下的产教融合教学模式中，企业的定位不应该仅仅是高校学生的一个实习场所，高校与企业之间应该追求更加全面、更加深入的合作模式。本节基于大连海事大学交通运输专业（以下简称“交通运输专业”）教学改革经验，对新工科背景下产教融合教学模式的发展进行研究。[1]

[1]赵旭，索浩，王丹．“新工科”背景下产教融合教学模式实践研究[J]．航海教育研究，2020，1(37)：10-12.

(一)校企共同制定培养目标与毕业要求

1. 培养目标的制定

在校企共同制定培养目标的过程中,企业根据其掌握的行业内技术发展现状及未来技术发展趋势,提供未来行业发展人才需求;高校在此基础上考虑自身专业定位、专业特色、师资队伍和实践教学条件等因素,明确毕业生在企业中的定位,制定出既满足当前新技术、新产业发展需要又切实可行的培养目标,实现高校培养目标的设置与企业需求精确对接。

2. 毕业要求的设计

交通运输专业在工程教育认证要求的 12 条毕业要求基础上,分析新工科人才培养要求以及国内交通运输专业发展趋势,结合专业办学特色,考虑专业毕业生知识要求、能力要求、素质要求等因素,设计出交通运输专业毕业要求,并以问卷调查、专家座谈会等方式由行企业专家审核,确保毕业要求的合理性。

(二)校企共同优化课程体系与教学内容

为了培养适应新世纪需要的创新人才,交通运输专业以工程教育认证标准要求为指导,构建“数学与自然科学类课程＋人文社会科学类通识教育课程＋工程基础类课程＋专业类课程＋工程实践与毕业设计”的课程体系,并遵循新工科教育教学理念,校企共同对课程体系与教学内容进行了优化。

1. 奉行“服务国家战略”理念

突出专业特色服务国家的一系列重大战略,响应国家战略需求是新工科建设的出发点。交通运输专业服务于国家“一带一路”倡议,强化自身海运特色,课程体系在设置了港口工程与规划、集装箱运输、港口物流系统仿真等多门海运相关理论课程的基础上,继续优化港口规划与工艺课程设计、货运业务课程设计等实验课程内容,形成以工程基础课程实验为基础,以专业基础实验与设计为支撑,有效结合两个方向的课程设计形成系统完整课程体系构架(图 4-1),提高专业学生解决如集装箱海铁联运路径优化、干散货船队调度等航运相关复杂工程问题的能力,以服务国家“一带一路”倡议为核心,突出自身专业特色。

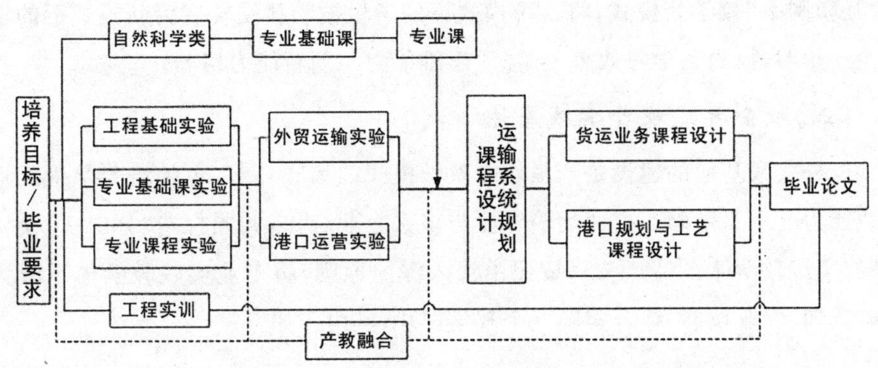

图 4-1 交通运输专业实验实践课程体系

2. 遵循“对接产业行业”理念，大力发展新技术

对接产业和行业需求，培养工程创新人才是新工科建设的落脚点。交通运输专业为适应新兴产业需求，结合专家意见，新增机器学习方法与应用、数据仓库与数据挖掘、人工智能基础等新技术相关的专业课程，并以新经济背景下企业发展趋势为导向，与未来企业人才需求有效对接，优化实验课程内容，强化学校与企业间的合作教学，搭建实践中心平台，加强学生工程创新能力，培养出适应新经济发展的新工科人才。

3. 贯彻“引领未来发展”理念，持续改进专业建设

时刻关注产业发展动态，引领行业未来发展是新工科建设的新起点。交通运输专业与企业合作，掌握航运业新技术最新发展动态，动态调整课程体系与教学内容，对接产业行业发展需求，并以此为新起点，提前培养未来工程创新人才，引领未来航运发展。

4. 落实“以学生为中心”理念，激发学生学习兴趣

新工科建设的最终目标就是培养出多样化、创新型卓越工程科技人才，所以落实“以学生为中心”理念至关重要。交通运输专业根据自身特色及行企业专家意见，将专业划分为外贸运输、港口经营与管理和卓越工程师三个方向，分别强化学生多式联运优化设计、港口规划与工艺设计和企业工程实践能力，由学生根据自身兴趣，自主选择培养方向。

此外，交通运输专业将传统的“老师讲、学生听”的教学方式发展成为以互联网平台为基础，借助视频、PPT、手机 App、虚拟仿真等多种手段，通过案例分析、情景模拟、小组交流讨论等多种方式，激发学生自主学习兴趣的新工科背景

下“互联网＋”教学新模式，将传统模式下的学生被动接受转变为新模式下的学生主动学习，提高了学习效率，加强了思维能力与创新能力培养。

（三）校企共建校外实践基地

校外实践基地的建设是产教融合教学模式的核心环节，也是培养学生工程实践能力的重要基础。交通运输专业与多家企业合作，共同打造“分层次，模块化”的实践教学体系（图 4-2），按照由浅入深的原则，将专业实践教学体系分为基础认知、专业技能、综合实践三个教学模块，其内容如下。

实践教学基地	基础认知教学模块		专业技能训练模块			综合实践应用模块
金工实习基地	导论教育	安全熟悉	车床加工技术	钳工工艺技术	焊接加工技术	简易工具打造
大连集装箱码头有限公司教学实践基地	集装箱码头基础知识	码头安全管理理念	码头岸桥计划设计	码头堆场调度	码头资源配置	集装箱码头系统仿真
大连春安国际物流有限公司实践基地	件杂货市场形势	航运整体调度流程介绍	常运货物特性及运输要求	船舶性能计量	航运风险控制	配积载装卸仿真
北京晶众智慧交通科技股份有限公司教学实践基地	交通调查方法	安全教育	交通运输数据采集技术	交通运输多数据融合分析		实际案例分析
辽宁船舶海工技术产业平台	行业信息化技术发展	公司最新技术产品介绍	VB编程设计	Java编程设计	C++编程设计	UI界面设计
优尼迈特气象科技（上海）有限公司教学实践基地	船路设计基础知识	气象导航基础知识	航次估算程序开发	AIS数据分析	数据挖掘技术	微信公众与App开发实例分析

图 4-2　交通运输专业“分层次，模块化”实践教学体系

1. 基础认知教学模块

基础认知教学模块旨在帮助学生快速熟悉行业工程实践基础知识，了解当前新技术发展态势，并深入理解工程实践过程中所涉及的社会、法律、安全、健康、文化等政策和非技术制约因素，培养学生工程素质和职业道德，为之后的工程实践环节打下良好基础。

2. 专业技能训练模块

专业技能训练模块主要包括对企业内各个部门工艺流程与技术方法学习、部门业务实操以及专业技能考查等内容。目的在于快速提升学生实践动手能力，加深学生对学校所学工程知识的理解，使学生掌握专业相关技能。

3. 综合实践应用模块

综合实践模块主要目标是通过参与工程项目案例分析等方式，全面提升学生开发、选择、使用恰当的现代工程工具和信息技术工具解决交通运输复杂工程问题的能力和在多学科背景下的团队协作能力。

（四）教学团队相互交流

教师队伍的工程创新能力也是新工科建设的重要保障之一。高校教师注重学术研究与教学能力的提高，而企业工程技术人员更加注重工程实际问题的解决。鼓励学校教师与企业工程人员的交流合作，既可以提高高校教学队伍的工程实践能力，也有助于丰富企业工程人员自身理论知识，使二者优势互补、共同提高。

（五）校企共同指导学生毕业设计

毕业设计是训练与检验学生工程能力的重要环节，交通运输专业邀请多名企业工程技术人员担任学生毕业设计企业导师，对学生选题、实习、答辩等各个环节进行指导。在选题方面，企业导师的作用在于为学生提出源于企业工程实际的研究问题，并由校内导师判断题目的难度是否适合作为本科毕业设计或学位论文，最终确定选题；在实习过程中，企业导师主要负责对实习过程中遇到的问题进行答疑，并由校内导师关注学生毕业设计或学位论文完成程度；最终答辩时，企业导师负责对学生研究过程中与实际不符的假设和理论提出意见，并从现实应用的角度出发，评价学生研究结果的实际意义。

“双导师”制度不仅保障了毕业论文与行业实际情况的关联性和创新性，同时还可以帮助学生分析行业发展现状和趋势，了解行业的前沿问题，并将毕业论文中的理论内容与毕业实习的实际情景相结合，实现研究内容的现实意义，进一步实现“产教融合”模式，推动新工科建设。

（六）共同评价毕业生工程创新能力

高校和企业作为“产教融合”教学模式的两个主体，需要共同评价高校毕业生的工程创新能力。为此，交通运输专业建立了毕业生跟踪反馈机制，目的在于掌握企业以及毕业生对于专业各个教学环节设置的评价以及专业毕业生知识、能力、素质等方面的不足，以便于专业教学工作的持续改进。

1. 毕业生跟踪调查

交通运输专业每年组织开展一次毕业生问卷调查，调查问卷由专业教师结合培养计划、教学内容、教学方式、专业建设等内容编写，通过毕业生在校期间预留联系方式发放电子问卷，经专业工作小组回收问卷并分析调查结果。

2. 企业和社会其他部门调查

本专业每年开展一次企业和社会其他部门的问卷调查，专业教师针对毕业生知识、能力、素质等多个方面的评价编写调查问卷，在毕业生入职半年后对工作单位进行调研，由工作小组回收问卷并分析调查结果。

3. 毕业生座谈会

交通运输专业每年组织开展一次毕业生座谈会，邀请有代表性、普遍性的毕业生与在校生座谈，以便在校生掌握当前行业新技术发展趋势以及专业就业动态，同时了解毕业生对专业当前培养目标、课程设置和教学内容等环节的宝贵意见。

第二节　新工科建设、产教融合与产业转型升级

习近平总书记在十九大报告指出："建设教育强国是中华民族伟大复兴的基础工程"。高等工程教育承担着工业现代化建设所需的高级工程技术人才培养和先进技术革新等重要任务，在建设教育强国、实现中华民族伟大复兴中具有突出作用。

我国目前拥有世界上规模最大的高等工程教育，传统工程学科的建设与人才培养对中国特色社会主义建设历程贡献突出。在以信息技术为基础的新经济形态下，教育部适应时机地在工程教育的关键转折点推动新工科建设的大讨论，从"复旦共识"到"天大行动"再到"北京指南"，构成新工科建设大讨论的三部曲。新工科建设的提出具有特定的社会历史背景，强调学科的交叉融合以及学科建设与产业界的关系。而在新工科的建设中，不同类型的院校于自身的定位和目标不同，需要采取不同的建设策略。

一、新工科建设的社会历史背景

2008 年全球金融危机之后，欧美发达国家先后提出重振本国工业的战略，尤其是美国的"再工业化"战略和德国的"工业 4.0"计划，都力求恢复本国经济并寻求未来产业升级的策略。与此对应的，我国也于 2015 年的"政府工作报

告"中正式提出"中国制造2025"的宏伟战略。对于一个国家而言,创新体系建设是国际竞争力的有力保障,当传统工业经济萎靡不振之时,如果想抓住引领第三次工业革命的机遇,并开创第四次工业革命,只有完善的创新体系才是国家进行产业结构升级的动力。对于个人而言,国家创新体系是促进个人全面成长发展的一整套制度保障。"互联网+"、人工智能、虚拟现实、大数据等新技术的陆续涌现使人们的工作方式发生质的变化;世界经济论坛2016年提出,未来的人才需要十种能力,分别是解决复杂问题的能力、批判性思维、创造性、管理团队的能力、合作能力、情绪智力、判断力和决策力、服务导向、谈判能力、认知弹性。社会对于人才能力需求的提高,使得个体对于国家创新体系的期望也相应提高。

Freeman提出了国家创新体系的概念,认为历史上技术领先国家的追赶超越是国家创新系统的演变。经济合作发展组织认为国家创新体系由参加新技术发展和扩散的企业、大学和研究机构组成,是一个为创造、储备、转让知识、技能和新产品而相互作用的网络系统。根据已有研究,我们可以认为国家创新体系包括知识创新、技术创新、制度创新。在知识创新中,从传统的知识生产模式Ⅰ到知识生产模式Ⅱ,跨学科合作成为知识产生的关键。知识生产模式Ⅱ是在应用环境中,利用交叉学科研究方法的社会作业的知识生产模式,它为当前国家创新体系的建设提供了思路。新工科区别于传统工科的显著不同之处在于跨学科性与产业的适用性,未来国家创新体系与历史上其他国家的经验差别也在于跨学科的整合性。曾经的英国蒸汽机革命不会重复,单一的工程科技不再可能引领世界,利用知识生产模式Ⅱ的思维方式,新工科与生俱来的跨学科性将会成为国家创新体系构建的关键。

二、新工科、产教融合与产业转型升级之间的关系

(一)产教融合是新工科的基本内涵

对新工科这一全新概念的内涵,学界有不同的阐述。钟登华认为新工科的内涵是以立德树人为引领,以应对变化、塑造未来为建设理念,以继承和创新、交叉与融合、协调与共享为主要途径,培养未来多元化、创新型卓越工程人才。李培根认为新工科关键在于"新",面向未来的工程人才需要具备"新素养",为达成这一目标,需要新的专业结构、课程、知识体系和新的教育教学方法。林健

的研究指出，新工科的内涵包括前所未有的“新兴”学科、对传统旧有学科的“新型”改造、不同学科交叉的“新生”学科。陆国栋将新工科归结于实践，认为新工科应该重点培养工程创新能力和适应变化能力。叶民、钱辉将新工科作为工程教育对工程活动“新业态”的全面回应。李华等则将新工科表述为“工科＋”，认为新工科是一个系统性概念，即工科＋新理念、工科＋新专业、工科＋新结构等。除了以上学者的研究，在官方文件中也可看到对于新工科内涵的界定，较典型的是“教育部高等教育司关于开展新工科研究与实践的通知”（教高司函〔2017〕6号）将新工科描述为工程教育改革的新理念、新结构、新模式、新质量、新体系。

虽然对于新工科内涵的阐述，各有其出发点，但综合而言，新工科在当前阶段的基本内涵即产教融合，力求工程教育培养的人才与新经济产业所需要的人才相契合。在创新驱动发展战略和“大众创业、万众创新”的社会背景下，新工科人才的培养有利于迅速将创新、创意转化为创业成果，促进新产业的形成与发展，同时创新、创意本身是一种知识的生产，是国家创新体系的一个有机组成部分。当然，由于新经济是一个动态的过程，适应新经济的新工科也势必是一个动态的过程。因此，需要根据人才市场的需求变化，及时地更新学科专业内涵，持续不断地改进人才培养工作。❶

（二）新工科是产业转型升级的原动力

中国改革开放四十余年经济的持续高速发展，已经让中国成为全球第二大经济体，而且与美国的经济总量差距逐年缩小。如今的中国已经具备了孕育科技创新中心所需的资源丰度和市场深度。产业升级是经济发展的必经阶段，传统的农业和人力密集型的工业随着社会生产效率的进步已经逐渐被替代或改造，知识密集型的第三产业蓬勃发展，相对应的人才需求数量也逐年增长。高校的学科专业建设如果不适时做出变革，所培养的毕业生与产业所需人才之间就会产生脱节。如果在经济发展方式快速变革之中，高校依旧是传统方式培养学生，不考虑产业的需求，势必造成“学术漂移”。“学术漂移”即以实用为宗旨的知识逐渐失去了与实践的密切联系的现象。新工科相对于传统工科的“新”

❶刘鑫桥．新工科建设、产教融合与产业转型升级[J]．高等职业教育探索，2018，2(17)：2-3.

就在于它与新经济产业发展需求的契合，推动新经济产业需要两个动力，一是基础的新知识研究和新技术的研发，二是新技术应用。因此，新工科建设是地方产业转型升级的原动力。

三、高等学校的新工科建设策略

国家创新体系的构建、产业的转型升级依赖于不同类型和层次的新工科建设，不同类型的高等学校应当根据自身的定位和目标不同，采取不同的新工科建设策略。

（一）高水平大学的新工科建设策略

高水平大学应当发挥原有基础学科的优势，注重跨学科的专业整合，通过科研打造新知识的高地，这是大学进化的主要表现。具体到工程教育领域，新工科的提出是一种知识跨学科创新的模式，新工科的新专业会促进知识的创造，使大学成为新工科知识的高地，进而溢出到区域内的产业之中，促进产业园区的成立和发展。

麻省理工学院建立于1861年，学校的定位是培养与社会经济相匹配的工程人才，是世界上最负盛名的理工学院，在工程技术、科学技术、自然科学等领域很有声望。1862年，《莫雷尔法案》为麻省理工学院的建设提供了充足的土地资源。麻省理工学院的创始人威廉·罗杰斯认为学院的使命是“崭新的科学理论与工程实际相结合”，理工学院所培养的学生应适用于社会的需求。在第一次工业革命之后社会对机械工程的毕业生需求缺口巨大，因此麻省理工学院在发展初期将机械工程作为第一大专业发展。由于其在发展初期过度重视毕业生的工程应用能力，到20世纪20年代，麻省理工学院在科学研究前沿领域的地位逐渐下滑，引起学院管理层的反思。在接下来的发展中，学校主动将内部资源整合，提高青年教师待遇，严格入学资格并提升学生的素质，逐步使基础科学研究扭转颓势。在提升基础研究水平的同时，也主动与工业界合作，将基础科学研究的成果应用于工程技术领域，形成了特色鲜明的“大学—工业”模式。

麻省理工学院于第二次世界大战后崛起为世界一流大学与两次世界大战期间学校与工业界的合作有着密切的关系。第一次世界大战之际，美国国家研究评议会在1917年的年度报告中，将其描述为美国科学院的一个独立部门，协调国家的科学资源与政府机构、教育机构和工业机构之间的合作。美国国家研究评议会最重要的作用是将政府、产业与大学结合起来，因此可以认为国家研究评议会是构成三螺旋结构的一个推动力。在第一次世界大战期间，科学家通过国家研究评议会议，将科学技术应用于军工武器的研发和制造。在第一次世界大战结束之后，美国大学的实用主义精神已经得到空前发展。1940 年以麻省理工学院校长康普顿为代表的委员会向罗斯福总统提交《科学——无尽的边境》报告，建议推动基础研究发展并与应用科学相结合，从而促使政府加大了对大学的财政投入。第二次世界大战之后，《退伍军人权利法案》的颁布成为美国高等教育扩招的标志，退伍军人进入高等教育选择的大多是工程应用学科。从 1947 年到 1991 年，"冷战"也推动了以麻省理工学院为代表的理工院校发展工程应用学科。计算机的出现，以及麻省理工学院对计算机领域前瞻性研究和投入更进一步促使其高速发展。

麻省理工学院的崛起，关键因素在于"大学—工业"模式的确立以及政府引导大学参与国家实验项目和对大学持续的财政投入。麻省理工学院办学的使命和始终与产业界需求融合的态度造就了当前的地位。当前高水平大学的新工科建设可参考麻省理工学院崛起的过程，在提高基础科学研究实力的基础上，积极与新经济产业结合，将研发优势与相应企业紧密结合，做到产教融合。

（二）高校的新工科建设策略

技术在研发之后需要投入产业之中使用，如果希望大规模应用某项新技术，就必须培养大量的应用型人才。高校作为培养学生应用能力和职业能力为主的高校，应当主动承担起推动新技术应用的责任，同时应当充分考虑当地的经济结构和人才需求，以本地的产业结构为主导，加强与本地企业的合作，增强学生的实践能力。

目前，国内一些高校在专业建设和人才培养中，已经积累了一定的新工科建设基础。例如，深圳职业技术学院对接深圳科技、产业创新发展需求，积极创建与当地产业结构匹配的特色产业学院，如与华为共同建设的华为信息与网络技术学院，是由华为主导校企合作计划，该学院是产教融合的新模式。华为在细致研究信息与网络行业发展趋势的基础上，确定人才需求状况，进而确定相应的课程体系，课程体系与人才需求的技术与产品知识相对应，同时鼓励学生参加华为职业认证。再如，达内科技与黄河水利职业技术学院共建的"达内 IT 学院"，聚集社会资源推动教育创新，培养适应地方产业发展需要的应用型、技能型人才。可见，通过校企合作的创新，职业院校可以深度对接本地的产业结构对人才的需求。在新工科建设中，高校应当始终围绕本地产业需求，通过深化校企合作、产教融合加强相关专业建设，传播新技术，推动技术技能积累，促进地方产业转型升级。

在当前我国新工科研究项目的申报中，教育部将高等学校分为三组，分别是工科优势高校组、综合性高校组、地方高校组。教育部已经指明了方向，不同的高校需要突出自身优势，分层次发展新工科，而适应高校现状和目标的策略才是最佳选择。国家创新体系的宏观环境，“创新驱动战略”“大众创业、万众创新”如火如荼，新工科所需要的宏观环境已经具备，政府的制度创新也初现端倪。教育部对于新工科建设的支持以及重点高校在“双一流”建设中对新工科的重视，高校主动适应地方产业升级需求而与行业企业合作培养工科专业人才的实践，已经为新工科的快速发展建立了基础。工程知识创新的目的是技术创新和应用，深度的产教融合是新工科未来的发展趋势。与麻省理工学院崛起相对比，我国新工科建设目前所缺少的正是“大学—产业”模式。

四、政策建议

“关于加强和改进新形势下高校思想政治工作的意见”指出，大学培养人才应该“以立德树人为根本，培养德才兼备、全面发展的中国特色社会主义合格建设者和可靠接班人”。新工科的核心内在精神即要求大学培养中国特色社会主义的建设者。新经济环境下，如何建设中国特色社会主义，需要具备创新知识思维，亦需要具备创新实践的能力。打好这场新工科人才培养的战役，既需要顺应宏观环境潮流，又需要高校找准定位，充分发挥自身的优势。针对我国的新工科建设，提出以下四条政策建议：

第一，中央政府应当给予新工科宽松的制度创新环境和充裕的财政经费投入，对新工科建设应尽快设立专项资金，作为试错与风险投资。虽然新工科的方向是适应于新经济，但是目前没有任何人可以确切知道，未来几十年究竟什么新工科专业会引领社会发展，因此制度政策应当允许高校充分尝试不同的新工科发展方式，并且从中央政府划拨财政资金作为试错与风险投资，可以调动高校参与的热情和积极性。美国崇尚自由市场经济，但依旧建立了由联邦政府主导的制造业创新网络，并且联邦政府为创新网络提供了初始资金支持，其中一些经验值得我们借鉴。

第二,不同类型的高校应当突出自身优势,分层次发展新工科。不同层次高校的新工科竞争应当着眼于自身的办学目的和需求,对于地方性高校和高校,不应一味追求新工科专业的数量,而应深入研究本地区产业结构的需求,始终将学校的发展与产业需求挂钩。与此同时,在工程人才培养的过程中不仅要强调工程实践能力,还要注重学生的综合素质。未来人工智能和大数据的发展,也强调新工科专业人才培养中需将人文知识融入培养体系。

第三,地方政府应当给予当地高校资源支持,包括土地资源等。高校的新工科建设最终会外溢到当地产业,促进当地经济发展。通过产教融合形成的产业科技园,对于当地的产业结构升级至关重要。新工科服务于新经济,新经济是地方发展的持续驱动力,因此地方政府应加大重视力度。当今时代,高校作为一个重要的创新主体通过发挥智力资源、人才资源和科技成果资源的优势,与区域发展之间的密切结合,已经成为区域创新的一种重要支撑。

第四,行业企业应当主动参与高校新工科建设,为高校新工科建设方向纠偏,防止新工科建设中出现“学术漂移”。新工科建设并不只是高校开设几个新的工科专业。开设新工科专业只是一种手段或方式,而不是目的,如果没有新经济企业的纠偏,高校经常会向发表论文的方向“漂移”,并逐渐迷失在为了建设专业而发展新工科专业之中。

第三节　以产教融合为指导的工科专业课教学方法改革

在高等学校传统的工科教学中,学生一般在大学的二年级第二学期开始专业课的学习,在三年级进行主要专业课的学习,而在四年级进行实习、实训、毕业设计等内容。专业课的学习较为集中,而传统的专业课的教学亦以教材为主,以掌握专业知识点为目的进行教学。而目前专业课的教材中,关于专业知识点的讲解较为深入与详细,关于专业知识在相关产业中的应用涉及较少,系统地讲解专业知识在实际的工程实践中的应用内容的教材更为稀少。当教师以教材为主进行专业课的讲授时,对专业知识在实际的产业应用的讲解就较为困难。在这种情况下,学生在集中的几个学期学习多门专业课的时候,课程的内容大多都是抽象的理论，不仅降低了学生的学习兴趣，加大了学习的难度，而且限制了学生在专业课学习中的思考的空间。同时，由于专业课的教学内容与当今的产业联系不够，学生在高校学习的时候，很难理解专业知识的用途。导致学生在毕业后进入相关产业工作时，对实际的工程实践没有相关的了解，不能应用在高等学校中积累的专业知识解决实际的问题。

2016 年教育部提出了新工科的概念，即指导我国高等教育在新的发展机遇下，推进教育的改革，为社会培养合格的新工科人才，适应我国各行各业的需要，并有力地推动社会的发展。相关的高校已经对此展开了研究。产教融合是新工科中的重要思想，其目的是将高校的教学与我国产业的需求构建有效的链接，使高校的教学紧密联系我国快速发展的产业需求，进而创新高等学校中人才培养的模式，并指导相应的教学方法的改革，而高等学校培养的创新人才，在工作中能够用专业知识创新实践，进一步推动我国相关产业的发展，二者相互推进，相互融合。在产教融合的指导思想下，对工科专业课程的教学方法进行反思与改进，在专业课的教学中，尝试以项目为驱动展开教学，并融合相应行业的工程实践内容，将理论的专业知识与实际的应用实例结合，专业学习与产业应用交叉进行，有效地提高学生的学习兴趣，提高学生对整个产业的认识。同时，学生在对行业内容进行了解的过程中，能够引导学生的思考，主动地发现问题并采用专业知识解决问题，使得学生将实际问题与理论知识结合，激发创新思维，在学好专业知识的同时，对即将步入的产业有了较全面的了解，并在步入工作岗位后，能够运用相应的专业知识进行创新应用，推动产业的发展。[1] 因此，以产教融合为指导，对工科专业课程教学方法的改革做如下探讨。

一、课程教学中融入相应的产业应用

在工科的专业课教学中融入相关产业应用，即从专业知识在实际工程中的应用出发，构建专业理论知识与实际应用之间的桥梁。

（一）课程绪论中讲解典型工程应用

在课程教学的伊始，以本专业课对应的产业为对象，引入讲解实践中的工

[1] 师洪涛，杨旭英，郭永萍．以产教融合为指导的工科专业课教学方法改革的探讨[J]. 当代教育实践与教学研究，2020(7)：152-153.

程实例，并重点讲解工程实例与本专业课的各部分内容的联系，为学生讲解本专业在不同的研究方向的发展现状，包括已经取得成功的工程实例，以及目前还待解决的问题，将课程大纲中涉及的知识与实际的应用相结合，阐明专业知识的应用方法。这样在课程的初始阶段，学生对本课程知识对应的应用有了初步的认识，并激发了学生的学习兴趣。

（二）以具体的设计实例为驱动讲解知识点

在实际的应用过程中，一个设计实例往往综合多个知识点，因此，在教学中对教材的知识点做重新地梳理，并以多个实例为对象，总结实例涉及的本专业课的知识点，以任务驱动的模式，将知识点进行讲授，当相关知识点讲授完成，即完成了一个实例的设计。这种以实例设计为任务驱动的讲授模式，将有效提高学生的学习兴趣，并且将教材中的知识点有机地组合起来，克服了传统的知识点分散且抽象的缺点，使学生对专业知识的理解更为深刻，对专业知识的学习也更为扎实。

（三）展开广泛的学习交流

在专业课的教学中，除了课堂的讲授，为了增加学生对相关产业的了解，还安排各种形式与企业的交流活动。

1. 参观活动

参观活动即安排学生赴相关行业内的企业、研究中心、本校或者相关院校的实验中心等进行参观交流，了解实际的工业生产、产品研发等应用领域，专业知识如何转换为实际的设备、产品，在实际的应用过程，存在的问题及其解决方案。通过实地的交流，将抽象的理论知识转化为可以看到的实物。这种专业课程的参观交流活动有别于专业实习，专业实习是从本专业整体的发展方向出发组织的综合实习，而专业课程的参观交流活动，更加专注于专业课程知识的应用，侧重于将专业课程知识与产业应用的一一对应，即以实例应用促进对本专业课程知识的理解，以专业课程理论知识解释实例中产生的问题，使交流活动更有深度和针对性。

2. 学术交流活动

组织学生参加学术交流活动，如本行业内的专家、工程师、已毕业的校友进行的学术交流讲座，或者本专业的研究生进行的学术论坛。在这些学术交流活动中，本行业的专家可以高屋建瓴为学生讲解本行业内学术发展的最新趋势，使学生了解本行业的最前沿的知识，开阔学生眼界。企业的工程师可以从实际的产品设计、研发的角度，讲解理论知识在实践中的应用，使学生懂得如何使用学习到的专业知识。本专业已毕业的校友则能从学生的学习实际出发，分享经验，如专业知识在实际的工程领域的应用、本专业的就业方向等。通过参加各种形式的学术交流活动，尤其是与专业课程相关性强的学术交流，可以使学生直观地了解专业课程理论对应的产业。同时，学生在交流的过程，通过不断地思考，激发创新思维，提高创新性。通过交流活动，学生对于本专业将来的发展方向会有更加清晰的认识，对于专业课程的学习的积极性也会得到很大的提高。

二、产教融合促进实验室的改革

在工科专业课的教学中，逐步引进产教融合的思想，也可以促进高等学校实验室的建设。

（一）促进专业课实验内容的改革

工科的专业课程中一般设置了课程实验，实验类型一般分为验证型实验、设计型实验、综合型实验等。在传统的教学中，课程实验与工程实际具有一定的差距，因此，通过传统的实验教学，虽然可以在一定程度上提高学生的动手能力，对专业课理论知识的理解也有一定的促进作用，但不能很好地使学生了解专业课程在实际工程中的应用，提高学生的实践创新能力。因此，考虑产教融合的思想，重新思考专业课程实验设置情况，调整专业课程实验的学分、类型与内容，重新设计实验内容，通过广泛的调研，将实验内容中与相关产业中涉及的典型工程实例相结合，在实验中体现工程实例中的设计、分析与操作等内容，让学生不仅在专业课程实验中验证理论知识，增强对理论知识的理解，同时，在实验中还能够与实际的工程实例结合，模拟实际工程实例的设计与调试的过程，提高学生发现问题与解决问题的能力。

（二）促进实验室建设的改革

传统的实验室设备大多以验证性实验为主，学生在进行实验时，一般只需要测量出对应的数据，虽然可以提高动手能力，掌握基本设备的操作方式，但在实验过程中需要思考的部分较少。若对实验内容进行改革，实验内容融入实际工程实践的内容，需要更新实验设备的软件及硬件，采用目前更加先进的实验技术，在实验室建设的规划中，需融入产教融合的内容，根据最新的实验内容对实验室建设进行规划，实验设备与实验内容全方位的更新与融合，才能促进在工科专业课程中的产教融合。

三、产业融合促进学生的创新与教师专业水平的提高

在专业课的教学中，采用上述的教学方法的调整，学生在了解与学习相关行业实例的过程中，可以不断地引发思考与提问，通过自发的专业课程学习，寻找工程问题的答案。因此，在教学中结合产教融合的思想进行教学方法改革，可以提高学生的创新能力。在工科的专业课教学中推行产教融合的思想，需要在教学内容、教学方法、实验内容等方面进行多方面的调整。当今社会高速发展，知识更新的速度也大大加快，因此，在专业课程教学中施行产教融合，需要高教教师不断思考与不断学习，并且不断地联系企业进行相关的产业实践，并把企业实践的内容进行整理，使之与专业课程的教学融合在一起，逐步地改进和完善教学内容，在理论与实践创新方面不断提高自己。

第四节　新工科背景下地方高校人才培养模式

当前，以新技术、新业态、新产业为特点的新经济蓬勃发展形势下，产业转型升级和新旧动能转换已全面启动，特别是为主动应对新一轮科技革命与产业变革，我国实施了“中国制造 2025”“互联网＋”“大数据”“云计算”等一系列创新驱动发展国家战略，对工程科技人才提出了更高要求，迫切需要加快工程教育改革创新。为了推动高校加快培养适应新经济需求、引领未来技术和产业发展的高素质工程技术人才，自 2017 年 2 月以来，教育部积极推进新工科建设，先后形成了“复旦共识”“天大行动”和“北京指南”，并发布了“关于开展新工科研究与实践的通知”“关于推进新工科研究与实践项目的通知”，全力探索工程教育的中国模式、中国经验，助力高等教育强国建设。新工科建设为培养创新型的专门技术人才提出了新思路，但是不同类型的高校在工程教育的目标定位和培养模式上是有差异的。为此，在教育部指导下，新工科建设分为三个层次的高校组向前推进：工科优势高校组由浙江大学牵头，综合性高校组由复旦大学牵头，地方高校组由上海工程技术大学和汕头大学共同牵头。其中地方高校组于 2017 年 4 月 28 日在浙江大学城市学院召开了 CDIO 工程教育联盟年会，重

点关注新工科建设,正式启动了工程教育专业委员会组织的“千生计划”项目。2017 年 5 月 11 日地方高校卓越联盟年会在湖南工程学院召开,进一步凝聚地方高校力量,共同开展新工科建设。2018 年 3 月教育部公布了首批 612 个新工科研究与实践项目,并要求形成新工科的建设共识,开展多样化的研究探索,加强项目群的交流合作,统筹校内外的教育资源,推进新工科建设。因此,在新工科建设背景下,地方本科高校应主动对接区域经济发展和产业结构转型,积极推进工程教育教学改革,建立“接地气”“融产业”和“重应用”的工程教育新模式,为区域经济发展和产业升级发挥支撑作用。

一、新工科建设需要解决的核心问题

(一)新工科建设的培养理念

新工科建设倡导树立新型的工程教育理念,即“大工程观”。“大工程观”要求改变以往传统工程教育专业知识狭窄、实践缺乏的缺陷,强调学科的实用性、交叉性与综合性,注重工程教育的应用实践性。新工科对应用型本科工程教育的理念主要体现在四个方面:一是“工程”,工科专业教育应该是工程教育,不以理论研究为导向,而是为工程实际服务;二是“综合”,新工科的核心之一就是综合能力的培养,即培养学生综合运用知识和技能解决工程实际问题的能力;三是“实践”,结合工程应用的实践教学是工程教育的根本,也是培养真才实能工程科技人才的途径;四是“责任”,责任是大工程观的灵魂,即注重培养学生在工程活动中必备的职业素质。

(二)新工科建设的专业结构

新工科建设强调专业设置要面向产业、面向世界、面向未来,对传统工科专业进行改造升级,还将产生一批新的专业,这些专业要满足新产业发展的需求,大都体现了学科交叉与跨界融合,尤其注重信息通信、智能控制、软件设计等新技术与传统工业技术的紧密结合,跨学科知识技术的交叉、融合、创新将是新工科的专业特色。加快建设和发展新工科专业,培养引领未来技术和产业发展的人才,必须注重工程教育专业设置的前瞻性,推动学科专业结构改革与组织模式变革,重点做好几个方面的工作:适应服务转向支撑引领,面向新经济的工科专业改造升级;专业分割转向跨界交叉融合,建设学科交叉、理工融合的新兴工科专业;从以学科导向转向以产业需求为导向,建立工科专业设置及动态调整机制。通过开展新兴工科专业建设的研究与探索，构建新的工程教育专业结构。

（三）新工科建设的课程体系

新工科建设要求地方高校必须面向产业需求深化教学内容与课程体系改革。拓展传统学科专业的内涵和建设重点，形成新课程体系。以培养学生“大工程观”为基础，设置跨学科的通识课程；以培养学生工程能力为核心，结合交叉学科的新知识、科学研究的新成果、驱动发展的新技术，优化更新教学内容；以培养学生实践应用能力为重点，构建面向新工科的工程实践教育体系与实践平台；以培养学生创造创业能力为目标，积极探索综合性课程、多视角解决问题的课程、交叉学科研讨类课程；以“基本理论＋工程实践＋工程设计＋创新应用”的课程建设思路，形成理论教学和实践教学相结合、工程设计和社会实践相融合的专业课程体系。

（四）新工科建设的培养模式

工程教育培养新模式要在总结卓越工程师教育培养计划、CDIO工程教育、工程教育专业认证等工科专业人才培养模式的基础上，深化高校人才培养模式改革、体制机制改革和管理组织创新。根据不同专业特点和教育资源，开展符合新工科专业人才目标要求的培养模式改革：如探索以成果为导向、学生为中心的教学方式；探索高校教师与行业人才双向交流，汇集社会资源、多方协同育人机制；根据培养目标，探索培养应用复合型人才的方式，构建多学科交叉融合的教学体系；探索以项目引领教学，强化“做中学，学中做”的工学结合新模式；探索培养学生创新精神、创业意识和创造能力，把创新创业教育融入专业教育全过程的途径；探索鼓励学生个性化发展，发挥特长、研教结合的激励措施。

（五）新工科建设的评价体系

在新工科建设中，不同层次的高校必须结合工程专业培养目标定位，修订人才培养方案，建设工程人才培养质量标准体系。为促进不同层次的高校分类发展、错位发展，都能办出特色、办出水平，建立有较高公信力和可操作性的新工科教育质量评价体系是十分必要的。新工科教育的质量评估是一个非常重要但又十分复杂的问题，要全面对影响工程教育培养质量的要素、工程教育培养过程及效果进行客观评价，可以通过融合工程教育专业认证、教育部专业评估和“卓越工程师教育培养计划”专业标准等，由教育机构、行业、企业等共同参与，形成多维度、多元化的工程教育质量综合评价体系，通过第三方客观评价和比较各高校新工科建设专业的质量与水平，指导新工科专业建设与质量保障。

二、新工科建设对地方高校工科人才培养的新要求

（一）学校教育由封闭培养向开放办学转变

新工科的建设是为了促进我国工程教育加速进入世界第一方阵，地方高校要面向产业、面向地方、面向未来，以新工科建设理念为指引，明确人才培养的定位和层次，分析区域经济发展现状，培养满足行业和社会需求的应用型人才，就必须开放办学，深入了解地方经济发展和区域产业属性，把握企业行业人才需求方向，优化学科专业布局和准确定位人才培养目标。充分利用地方资源，在师资队伍、课程建设、实践教学、学生评价等方面，积极推进校企合作、产教融合、协同育人，挖掘地方高校的区位优势，凝练办学特色，加快新工科建设步伐，促进工程教育改革不断深入。

（二）教育教学由传授知识向培养能力转变

新工科背景下，地方本科高校培养的人才要能适应行业的发展，具有较高的创新精神和创业能力。地方高校新工科的应用型人才培养既有别于研究型大学的学术研究型人才培养，也不同于职业院校的技能型人才培养。它们之间的不同可通过修订人才培养方案和优化课程体系来强化。教学模式创新传递给学生，保障理论与实践教学的融合，充分调动学生的学习主动性，合理引导学生的学习行为，切实培养学生在工作实践中分析和解决问题的能力，使学生知识、能力、素质等方面能均衡发展，达到主动适应新工科的引领性、交融性、创新性、跨界性及发展性的目标要求。

（三）教师队伍由“知识型”向“双师型”转变

新工科强调学科专业的交叉融合性和学科专业的产业性。因此，新工科建设对教师在学科背景、知识层次、学缘结构、实践能力、教学水平和综合素质等方面都有较高的要求，要建设一支专业知识面宽、教学水平高，工程能力强、综

合素质高的“双师型”教师队伍。具体而言，就是要求专业老师具备以下几个方面的综合素质：理解工程教育理念，掌握本学科相关的专业知识，具有在行业企业锻炼或工作的经历，了解与本学科专业领域相关的新技术、新产业，了解新兴学科、交叉学科和前沿学科的发展动态，具备运用多学科知识、原理和方法解决复杂工程问题的能力，能够熟练地指导本专业学生的实践教学和创新训练。

（四）校企合作由实习实训向产教融合转变

工程教育培养的人才需要具有较强的行业适应能力和市场对专业性人才的需求。地方高校本科层次教育的培养定位是高素质应用型人才，在专业知识、工程技能和职业素养等方面都有具体的目标要求。产教融合基于工学结合人才培养理念，要求高校与企业相互融合，共同介入人才培养的全过程。这种协同育人的方式是实现应用型人才培养目标的重要途径。因此，面对新工科建设，地方高校要主动对接区域经济发展和产业转型，吸纳更多的社会力量参与，打造共商、共建、共享的工程教育责任共同体，深化校企合作，由过去单纯的“实习实训基地”，向“产教融合、协同育人”平台转型，实现提高人才培养质量服务地方经济发展的要求。

（五）学生考核由考试评价向能力评价转变

地方高校明确了应用型人才培养的目标定位，就要遵循应用型人才培养规律，根据其特点，选择合适的教学方法，构建合理的应用型人才培养评价体系。改变“重知识、轻能力、重成绩、轻过程”的传统评价方式，从“试卷考试评价”向“能力评价、过程评价”转变，以能力培养为导向，从多维角度考察学生的能力水平，依据课程类型、教学方式，采用笔试、课程论文、工程现场答辩等多样化的学习评价方式。也可以通过与企业的合作，参照企业的评价标准，选择具有可操作性的、能够准确评价学生实践行为的评价方法，由指导教师根据学生实践操作过程中的表现给出相应评价，促进学生从“死记硬背”向“强化能力、活学活用”转变，增强学生自主学习和创新能力，提前做好就业准备，提高创新创业能力和社会适应能力。

（六）教学管理由质量监控向持续改进转变

在经历了本科教学工作水平评估和审核性评估之后，地方本科高校现已进入“五位一体”的评估新时期。对于工科专业的教学质量评估，可根据工程教育专业认证所提出的要求，针对教学过程的全部环节和要素建立一套可行的质量保障体系，包括：人才培养目标、条件、体系、过程、效果等。根据评价指标和达标要求，使教师、学生和管理者对教学过程、学习目标和教学管理都比较熟悉，并通过校院两级教学质量监控系统，客观评价教学效果与目标要求的达成度，及时反馈给师生，不断改进教师教学、学生学习的方式方法。这就要求教学过程管理必须从质量监控向持续改进转变，从而不断提高人才培养质量。

三、面对新工科建设，地方高校存在的问题

（一）教育理念不能适应人才培养过程的要求

"立足地方，以培养应用型人才为主要目标，直接为区域经济建设和社会事业发展服务"是地方本科院校的人才培养定位。如何把培养应用型本科人才落到实处，地方高校都存在或多或少问题，主要表现在工程教育理念滞后，专业设置和课程内容不适应产业发展变化和未来的人才需求。如，工科专业设置过细，知识结构过窄，学生缺乏对专业的多学科的审视和对工程的系统视野；工程专业"以学生为中心、注重能力培养、质量持续改进"的教育理念不到位；没有将产教融合理念渗透到人才培养的各环节，更没有深入地方、企业，落实开放、共享的新发展理念，对"产教融合，协同育人"在实际教书育人过程中，很多高校对产教融合的理解停留在学校与企事业单位签订协议和解决学生实习、就业安置等问题上；在教育过程中没有较好地融入个性化学习和终身学习的理念，多学科交叉融合度还较弱。

（二）专业设置无法满足服务产业发展的要求

当今社会，新知识、新技术、新产业不断涌现，边缘学科、交叉学科随之而生，科技成果转化周期缩短。新工科建设关注产业发展与趋势，注重学科交叉。目前地方高校工程专业开始探索面向区域产业、行业、岗位的培养方式。但我国地方高校工科专业大多是根据学校原有师资设备，并参考综合性大学的情况而设置的，无法适应地方产业发展的要求。一是专业划分过细、数量偏多，缺乏跨学科的教学资源共享与机动性，导致一个方向就成了一个专业，专业知识结构单一，学生知识面狭窄。二是专业建设滞后于社会需求，专业人才培养质量不高，学生的工程创新能力和适应变化能力不足，跟不上产业升级和经济转型的步伐。从目前地方高校办学机制上看，学科专业调整设置灵活性不足，与社

会经济产业发展脱节。

（三）课程体系不能适应人才培养目标的需要

人才培养的重要载体是课程体系，它也是实现教育理念和人才培养目标的主要桥梁。当专业人才培养目标确定以后，就要围绕工程知识基础、多学科思维和创新能力设计与之相匹配的课程体系。但从目前的情况看，地方高校的专业课程体系大多参考重点高校，课程结构设置大同小异，课程结构与培养目标不符，理论教学与实践教学分离，实践教学与实际脱节，部分课程不能够满足知识共享、交叉融合的需要，没有体现出地方高校人才培养的差异和特色。新工科建设目标是不同层次的高校分类培养不同层次的工程技术人才，因此课程体系、课程内容都需要与时俱进，其设计要充分体现系统性、综合性和差异性。地方高校只有把握好工科专业通用基础、专业基础、实践性环节的关系，重视和加强实践教学，才能在新工科建设过程中逐渐形成与重点大学错位的教学特点，确立自己的特色优势。

（四）教学模式不能适应工程能力培养的要求

地方高校工科专业的课程教学尚未摆脱传统教学模式，即课堂以教师讲授为主、实践以验证实验为主、学习以书面作业为主、评价以期末考试为主。学生只熟悉基本的概念和公式，完成作业和考试，这必然会影响工程知识和技能的掌握，继而影响工程能力的培养。实践教学是实现工程能力培养的重要环节，但地方高校由于受师资和办学条件限制，工程教育能力培养的力度与效果远未到位。实践教学相对于理论教学只有辅助作用，实践教学设计缺乏层次性和连续性，实践教学过程管理和监督缺位，教师实践指导和评价流于形式，存在实践教学弱化现象。这些也会影响教学条件的改善，教学方法的革新以及教师知识结构的更新。只有革新教学方法和手段，执行基于问题、项目和案件的多种学习方法，把工程实践看作理论教学的工程背景，培养学生工程问题分析能力，才能适应新工科建设的要求。

（五）师资结构无法满足强化实践教学的要求

学校师资水平决定了人才培养质量水平，新工科强调多学科专业的交叉融合性、学科专业的产业性和工程教育的实践性，因此，对教师学科交叉知识、工程教育理念、教育教学能力、实践教学能力等方面都有较高的要求。推进新工科建设，迫切需要一支具有较高理论教学水平和较强实践指导能力的“双师型”教师队伍。近几年地方本科院校不断扩招，新进的年轻教师比例较高，普遍缺乏工程实践经历，实践教学指导能力相对不足。同时地方本科院校的“校企合作，产教融合”机制尚未真正建立，教师去企业实践锻炼或参与企业科技项目的开发机会很少，行业企业外聘技术型教师也难以落到实处。另外，由于地方高校现行的职称评定制度，使得教师将大多数精力放在写论文、做课题方面，缺乏去企业生产第一线进行实地培训的积极主动性。这些都使得高校“双师型”教师偏少，师资结构无法满足新工科建设的要求，最终影响应用型新工科人才培养的质量。

四、推进新工科建设，地方高校应采取的措施

（一）以培养应用型人才为目的，转变培养教育观念

目前地方高校本科教育普遍存在着人才培养定位与社会实际需求不符的问题，专业人才培养方案缺乏应用特色，专业课程设置大同小异，教育培养过程重理论轻实践，毕业生缺乏将专业知识运用于实际工程的能力。新工科建设对我国工科教育提出了全新的要求，高校教育工作者要充分认识到新工科建设的迫切性和必要性，明确自身在新工科人才培养中的角色及职责。树立正确的应用型人才培养观念，认清形势，迎难而上，积极参与到新工科建设中来，通过培训学习提高自身的专业实践能力和实践教学水平。注重挖掘各专业产教融合的元素，以实务为导向组织教学活动，科学设计教学过程、改进教学方法、强化实践教学、改革考核方式等，恰如其分地进行专业课程教学，把实践能力培养渗透在专业教学过程中，鼓励学生利用专业知识和创新学习成果进行专业实践，使学生在新的培养模式中，获得真实的工程体验，提升理论联系实际的应用能力。

（二）以适应产业发展为导向，设置学科专业布局

新工科对应的是新兴产业，如新一代信息技术产业、高档数控机床和机器人、航空航天装备、海洋工程装备及高技术船舶、先进轨道交通装备、节能与新能源汽车、电力装备、农机装备、新材料、生物医药等。地方高校必须以区域产业需求为导向，主动对接区域经济发展和产业转型，本着“有所为有所不为”的原则，进行应用型的转型与建设。要以新工科的理念为指引，把握行业人才需

求方向，重新调整专业布局，开设新工科专业，以创新、融合、协同与共享为途径，依托办学优势和学科特色。新工科具有引领性、创新性、跨界性、交融性和发展性等特点，为了让培养的学生能主动适应这些特点，高校要重点培养能引领产业发展需求、具有创新精神和创业能力的高素质的优秀科技人才，加强专业建设、促进内涵发展。适时地建立工程教育专业动态调整机制，其基本策略是：政府引导，以高校为主体，产业界积极参与，社会化多元评价。积极调查区域经济发展和产业优化的相关信息，加强行业企业和高校之间的互动，加强校企合作的契合度，协同改进专业评价体系和方法，注意专业调整具备科学性、前瞻性和可操作性，并与区域经济发展相适应，实现社会需求和工程教育之间的有效衔接，实现工程教育的可持续发展。

（三）以工程能力培养为核心，优化人才培养方案

现代工程把多学科的知识进行了系统的集成，形成了知识和技术交叉融合以及高度集成的趋势。因此，工程人员只有掌握了多学科交叉融合的知识和技术，才能胜任产业升级或转型对技术人才的要求。根据多学科交叉的特征特点，对新工科的专业体系进行重新构建，首先要有针对性地修订人才培养方案，并且对人才培养目标、课程设置、毕业条件等方面进行重新论证优化，整体推进课程体系整体设计和教学方法改革，通过知识、能力和素养的平衡与结合，强化工程能力培养。按照新工科建设的要求重构人才培养模式，一是注重通识教育在新工科专业教育的基础地位和支撑作用；二是构建以工程能力培养为导向、知识和能力相融合、素质培养和能力培养并重的一体化课程体系；三是注重学科交叉的知识积累与思维训练，培养学生的“大工程”观；四是以项目为载体，即以项目的完整性来组织课程、建立课程之间的联系。通过“工学结合”的专业教育，毕业生既具有了解决工程问题的专业知识和能力，还具有了系统思维和创新能力。

（四）以提高“双师型”比例为标志，加强师资队伍建设

地方应用型本科高校要适应新工科建设，提高人才培养质量，师资队伍是关键。学校通过教师职称评聘、教学评价、绩效考核等制度改革，探索校企间人才“双向交流，相互挂职”制度，通过引进培养和外聘兼职相结合的方式，建设一支具有一定工程经历的高水平专兼职教学团队。地方本科高校需要分析现有师资结构，根据专业发展及地区经济发展的需要，采取“走出去”“请进来”等各

种方法提高教师的专业知识和工程实践能力，有计划地选派教师到相应的高科技企业接受培训、实践锻炼，以培养具有较强现代工程意识的“双师型”教师。还可以通过校企合作互动的方式，引进具有技术专长的行业企业人员担任兼职教师，邀请企业专家、工程师来校开设专题讲座，解决当前地方工科院校缺乏实践能力师资的现实问题。着力打造既熟悉业务又具有丰富专业知识的“双师型”教学团队，不断提高“双师型”教师的比例，适应新工科建设对师资的要求，以提高指导学生工程实习和工程设计的能力，保障应用型本科人才的培养质量。

（五）以强化实践教学为重点，改革教学方式方法

当前，我国高校教学的载体主要是课堂，理论性课程主要强调知识的系统化，要求学生能够记忆和理解，实践性课程主要强调学生技能操作的熟练程度。而培养创新型人才需要做到课内课外结合、理论实践结合，体现“工学结合”，理论性课程要强化学生把所学知识用到生产实践的能力，实践性课程要强调理论知识与问题解决方法之间的内在逻辑，两种课程之间要相互结合与调整，并适时融入新行业中的知识新技术，使学生了解新产业发展特征和方向。结合专业课程的知识要素和能力要求，改变以课堂、教材为中心的教学思维，积极推进任务驱动、项目教学等各种教学方法，使学生具有应用知识解决问题的能力，在项目实施过程中把知识转化为产品的能力，理论学习与工程实践互相结合，项目就成了教学过程的载体，以项目组织课堂教学，并把各知识点串联在一起，强化专业学习的目标与动力，让学生真正成为学习的主体，通过“做中学，学中做”，激发学生的学习兴趣和潜能，培养他们的工程应用本领和创新创业能力。

（六）以加强校企合作为平台，完善协同育人机制

在新工科建设背景下，地方本科高校要主动与区域经济和产业发展对接，加强与行业企业的协作，让各种社会力量参与进来，建立共商、共建、共享的工程教育共同体。把学校、科研机构和企业等不同单位的各类教学资源及各自优势充分利用起来，促进理论与实践相结合、教育与生产相结合。深化校企合作，建设产教融合、产学研一体的实训设备，建立各种类型的协同育人实践基地，与政府、企业等社会机构一起组建教育集团，积极鼓励企业和高校合作育人，建立

企业参与专业人才培养、课程体系调整、教学评价和学校治理的相关制度，逐步形成校企双向互动、良性循环的合作教育。积极引导大学生参与产学研项目，改变封闭式的人才培养模式，让更多的学生能走出校门，走向企业，参加社会实践，在生产实践中激发创新意识、培养创新思维、提升创新能力，加深对专业的理解，拓展社会认知视域，提高综合素质，增强社会适应能力。

第五节　新工科背景下独立学院产教融合

一、概述

新工科是基于国家战略发展新需求、国际竞争新形势、立德树人新要求而提出的我国工程教育改革方向。工科专业应该结合当前人工智能、大数据、云计算机等领域的新知识，新应用，深刻体会新工科的内涵。加快新型工科专业的建设和发展步伐，为国家发展培养符合时代要求的工程技术人才，增加国际竞争实力。

吉林师范大学博达学院计算机与信息科学系信息工程专业作为“卓越工程师教育培养计划”专业，开展了方方面面的改革工作，并取得了一定的成效。作为“卓越计划”的升级版，计算机与信息科学系各专业通过调整学科专业建设思路、拓展工程教育改革内涵，对工程专业人才培养的理念进行丰富和加强。

二、新时代对传统专业的影响

（一）工程领域发展前景

为了实现中国梦的总目标，国家提出了“五位一体”的总体布局、“四个全面”的战略布局、“创新、协调、绿色、开放、共享”的新发展理念，以及创新驱动发展、“中国制造 2025”“互联网＋”等重大战略。产业结构的调整、转型升级，新旧增长动能的转换，新兴产业和新的产业形态的出现等，均急需培养一大批各种层次和类型的卓越工程科技人才，这正是新工科建设的目标所在。新工科建设首先要通过充分的市场和产业调研，分析预测行业发展的趋势，面对产业的交叉融合和高速发展，主动有意识地培养当前和未来相关产业、行业急需的工程技术人才。

(二)信息技术和人工智能对传统专业的影响

新时代对工科专业人才在能力上提出新的要求,除去原有专业的知识、能力和素质以外,工科专业人才还必须具备:数字化能力、信息化能力、网络化能力、智能化能力、综合化能力等。掌握人工智能领域的知识和能力,即大数据、云计算、物联网等知识内容。

三、新工科背景下产教融合多方协同育人模式

(一)多方协同合作模式的探索

吉林师范大学博达学院计算机与信息科学系秉承服务地方经济发展的专业建设理念,先后与沈阳软件集团、大连东软睿道、安博集团等知名企业或公司建立了校企合作、产学研合作关系,积极探索以提高学生综合素质水平,提升学生创新创业能力水平的"卓越工程师人才培养"。

(二)明确信息工程专业新工科人才培养目标

在国家新的工程战略理念下,吉林师范大学博达学院计算机与信息科学系积极调整专业结构,探索"多元交叉,互通融合"的人才培养模式,实施新工科专业与信息技术,人工智能领域交叉整合;寻求适合吉林地方经济发展需求;提升计算机与信息科学系学生的整体行业竞争力;完善系内教学团队和科研团队的建设;强化产业、行业对人才培养的全程参与;打造产教深度融合的新工科专业。

由产业、行业专家和教育专家三方深度融合,建立专业人才培养建设委员会,多方参与准确把握新技术和新产业当前对人才的需求,共同完成新工科人才培养方案的制定工作。形成多方协同育人的培养模式。方案中划分不同的模块分别由合作企业、行业专家、学校共同承担人才培养全过程,实行全程共育,分段交替的人才培养模式。培养模式如图 4-3 所示。

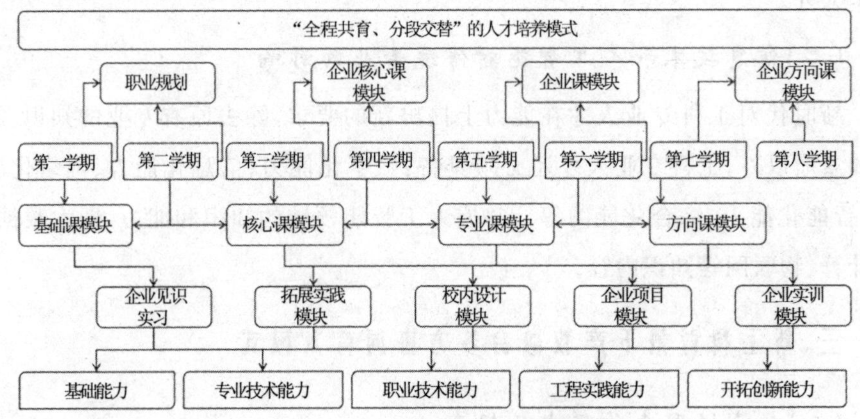

图 4-3　培养模式交替结构图

（三）重构课程体系

按照专业发展，结合行业需求，按照知识、能力和素质需求，考虑学生的基本条件等，同时合作企业为提供课程设置与调整指导，对现有人才培养方案进行重新调整。以职业能力为基准，实现课程结构层次化。根据岗位能力需求开展课程体系的开发，由行业、企业、课程专家、专业教师一同对行业进行系统分析，制定了符合职业发展要求的课程体系和课程标准，构建了以职业基础能力、职业核心能力、职业综合能力的"职业能力三层次"课程结构，如图 4-4 所示，目标指向与岗位需求高度吻合。

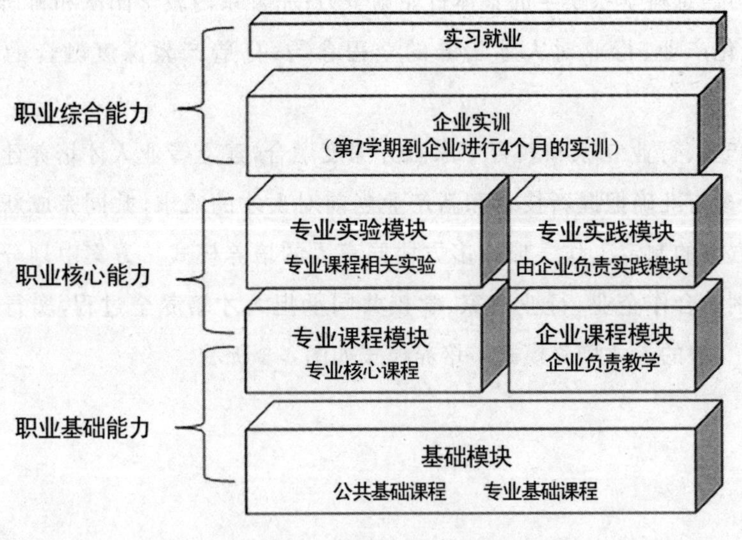

图 4-4　课程体系结构图

删减部分理论学时，加强专业技能的培训；加强实践环节的教师指导力度；加强工程思维、工程理论的全方位培养；增设信息技术、人工智能、大数据、云计算等方向专业选修课程；推进企业模式的教学评价机制，学生考评机制；优化课堂结构，将部分课程由教室转移到实验室进行，以便学生能够学以致用；加强岗位能力的培养，明确就业方向。

（四）更新教学内容

根据明确的人才培养目标，细化培养标准，在重构课程体系指导下，重新设计教学内容，以匹配新工科人才培养体系。在教学内容上打造“金课”，将新思路、新想法、新理念融入教学内容中。

1. 以职业能力培养为目标，打造校企共建课程

教学内容由原来的理论学习为主，实验学习为辅助的形式，逐步推进与行业前沿应用为教学的主要内容，辅助以足够的理论知识。以职业能力的培养为主要目标，设计课程的教学内容，以技术能力提升，应用素质能力培养为主要方向，与企业共同完成教学内容的设置与改革。

2. 校企联动，融入真实项目案例教学

“他山之石可以攻玉”，将企业的真实项目案例引入课堂教学中来，由企业导师带领学生进行项目实战，实战过程中，逐步引入理论知识的讲解。该模式的教学使学生可以完全投入到项目的开发学习中，通过项目的开发激励学生学习相关的理论知识内容。

（五）改革教学方法

教学方法是新工科专业改革实施的重点内容，对于工程类专业，教学方法不应该局限于课堂讲授。项目法、案例教学法、基于问题的讨论法、基于项目的探究式学习方法等都是有利于工程类专业教学实施的有效方法。教学不可只局限于课堂，当今社会的信息渠道繁多，学生接受知识的时间由原来的大块固定时间，逐渐转变成小块的，碎片化时间。如何高效利用这些碎片化时间，如何调动学生的主观积极性，也是改进教学方法需要重点关注的问题。

1. 更新教育理念，重塑课堂结构

信息化时代，课堂教学已经不仅仅局限于三尺讲台，课堂的结构可以说有着翻天覆地的变化。多媒体、手机、网络平台的引入使得课堂教学多元化，课堂

范畴已经延伸到多维度的空间，学习方式变得更加灵活。多样的教学带给学生的是全新的学习体验，带给教师的则是更多的机遇和挑战。

2. 利用信息化手段，扩展教学的空间和时间

教学的资源在网络平台上的广泛使用为师生营造了一个全方位的教学环境，整体缩短了教师与学生之间的距离。

（六）培养“双师型”教师队伍

1. 树立品牌课程，带动专业建设

落实课程建设，以品牌课程支撑重点专业建设，建设一支目标发展明确、团结协作、梯队结构合理，专业特色明显、教学科研成绩显著，具有国内先进水平的专业教师队伍。

2. 以课程建设为主体，提升人才培养质量

以培养高素质应用型人才为目标，依托东三省经济圈，深化校企合作，不断完善专业的人才培养方案，打造校企结合的教师队伍，建成校企双赢的实验实训基地。

3. 以职业能力培养为目标，不断深化教学改革

着眼于提高学生的应用能力水平，不断探索和创新教育理念，继续探索专业课程模式、教学模式、顶岗实习等教学改革方法。

4. 以项目为导向，提升教师业务水平

校企合作，共同开发相应的教学资源和社会培训项目资源。保证专业教师队伍中每名教师有项目，任务驱动专业教学能力提高。

（七）构建校企共建实践教学体系

吉林师范大学博达学院计算机与信息科学系拥有当今朝阳信息产业相关专业：电子信息工程、信息工程、软件工程。在新工科人才培养中，所有专业都积极投身于转型发展建设的工作中。

1. 多方联合建设综合实验室

实验室的组建规划分别由政府、学校、企业三方联合投资，配备较先进的设备。利用项目带入的方法组织有效的项目实践和实验，相较于死板的实验教学内容来说，更具有实际意义。区别主要表现在三个中心的转变，即由以教师为中心出发的实验教学环节，逐步转变为以学生为中心的开放性实验教学，实践

内容由以课本教材大纲为中心转变为以企业实战项目为中心，由局限于课堂内的教学为中心转变为以实战项目经验为中心。

2. 企业联合实践基地

企业联合实践基地的基本任务是培养学生的工程实践能力。学生在企业联合实践基地中，以顶岗实习，岗位轮换，项目组建等方式，由企业项目负责人带领学生将课堂上所学的理论知识和生产实际相结合实施建设，更进一步加深了对理论知识的理解和掌握，提升了学生的专业技术能力水平。通过与企业合作，建设了适合互联网发展，适合信息产业对各新工科发展专业技术人才要求的实训实习基地，为高水平软件工程人才的培养创造了必要的实践教学条件。合作企业均在行业发展中处于龙头地位，带学生的工程师都具有多年的实际项目开发经验，并具有较高的责任心，企业在软件硬件等条件上优势明显。

（八）突显创新创业教育理念

提高学生在就业、创新、创业等方面的素质能力同样也是新工科人才培养所需考虑到的重点问题。计算机与信息科学系在关注社会经济发展和需要的前提下，不断发展与丰富新工科人才培养模式的内涵和外延，并把重点放在学生就业、创新、创业能力的提高上，使新工科人才培养逐步细化，培养效果显著提高。

1. 突出实践教学在应用型人才培养中的重要地位

按照“教学立校、科研兴校、人才强校、特色优校”的战略思想，坚持“注重基础、强化实践、培养能力”的原则，根据各个专业的特点，培养出具有创新精神的复合型、技能型、应用型的工程科技人才，必须大力加强专业实践教学，提高学生的专业技能和创新能力。

2. 加强学生技能水平

实践教学是高等教育培养高素质技能型专门人才的重要手段，是教学计划中规定的必须完成的教学环节，特别是对于独立学院生源的具体情况和培养目标。应在全面推进学生素质教育进程中，突出实践教学，提高学生的实践操作能力和创新能力。

要结合培养本科应用型人才的要求，逐步完善和优化实践教学体系，按照我系各专业的要求与特点，建立适应社会、经济、科技发展要求的实践教学体系，健全实践教学的组织机构和管理制度，提高实践教学质量。

3. 为学生提供创业教育及开设创业平台

依托合作企业为学生提供专业的创新创业平台，由企业导师、项目经理进行创新创业课程的指导，使学生在校期间有机会接触创新创业的基本理论和知识，在创新创业方面积累一定经验。学生在校期间可以参加各级各类创新创业比赛，增加自己的实战经验，也可以进行创业活动，即使自己以后不一定会创业，也会对以后的就业产生深远的影响。❶

四、完善健全的制度保障体系为新工科的落地保驾护航

首先，要有学校政策的支持，建立专门的领导小组，保障新工科专业与合作企业人才培养计划实施。其次，计算机与信息科学系对新工科专业要高度重视，全面提升师资队伍水平，通过内升，外引等方式，加快教师队伍的培养。最后，在新工科人才培养实践过程中，校企合作经费，共建实验室基地经费，教师培养经费，引进人才经费等学校要给予重点支持经费保障。

企业方面加大投入力度，为学生的学习、实践创造更好的环境。地方应用型本科院校在新工科人才培养道路上，要走出特色，走出成效，必须全方位，全过程，全体系配套新工科人才培养新标准，建立新工科人才的培养目标，培养方案，培养模式，教学内容，教学方法，教学实践体系等。计算机与信息科学系新工科发展专业，在人才培养的道路上，走出了自己的特色优势，在今后的建设发展中，乘着我国信息产业高速发展的东风，与行业企业间逐步形成更为成熟的长效合作机制，深化教学改革，打造产教融合多方协同育人模式，为新工科人才培养提供条件，持续提升人才培养素质和水平。

第六节　新工科背景下产教融合的机遇与挑战

一、产教融合发展成就

国家一直都十分注重产教融合的发展，尤其是全球化不断深入发展，产业

❶陈卓然，华振兴．新工科背景下独立学院产教融合多方协同育人模式改革与实践[J]．吉林省教育学院学报，2019，7(35)：86-87．

升级转型的背景下，更是从政策、教育发展规划等层面加大对产教融合的引导和支持。近年来，我国产教融合发展取得重大成就主要体现在以下3个方面。

(一)卓越工程师教育培养计划的开展

2010年6月，“卓越工程师教育培养计划”（以下简称“卓越计划”）启动会在天津大学召开，该计划正是基于建设创新型国家，走中国特色工业化发展道路发展战略提出的，其重点就是要加强工程教育与工业界的联系，使工程教育主动服务于国家重大战略。“卓越计划”主要面向工科本科生及研究生，核心是改革工程教育人才培养模式，培养一批创新能力强、能够适应经济社会发展的高质量的工程技术人才。其重点任务就在于加强高校与企业的联合，使工程技术人才的培养更加贴近工程实际。“卓越计划”提出建立行业指导、校企联合的卓越工程师教育培养计划实施机制。建立卓越工程师教育培养计划校企合作人才培养机制，共同制订培养目标、共同建设课程体系和教学内容、共同实施培养过程、共同评价培养质量。除此之外，“卓越计划”还提出对参与产教融合的企业制定相应的优惠鼓励政策。

“卓越计划”从2010年启动至今，一大批不同层次类型的高校在人才培养上都取得了丰硕成果。以西安电子科技大学为例，学校与空军联合，首创国防生“卓越计划”培养模式。受到教育部和总政干部部的高度评价，并将其作为典型案例向全国高校推广经验。同时还与电子信息领域的知名企业如中兴、德州仪器(TI)等签订合作协议，共建国家级工程实践教育中心。可以预见，随着“卓越计划”的深入开展，将会有越来越多的高校在产教融合中探索并实践工程教育人才培养的新模式。

(二)产教融合发展工程的实施

产教融合发展工程于2016年开始启动实施，该工程的目的是加快建设现代地方本科教育体系，全面增强地方本科教育服务经济社会发展能力，由中央和地方政府共同组织实施。主要对象为中等职业学校（含技工学校）、高校和应用型本科高校。可以明显看出，“卓越计划”主要在本科及以上层次的高校开展，而产教融合发展工程是针对开展地方本科教育的高校，这就形成了合理的人才培养梯度，既有应用型技术人才，又有高层次拔尖创新人才，符合经济社会发展需要。

产教融合发展工程一大特点就在于衔接了地方本科教育和普通教育，并着力构建现代地方本科教育体系。地方高校在其中扮演着重要角色，这些高校大都由专科学校合并组建成为本科院校，也处于由地方本科教育向普通高等教育过渡时期，国家在引导这些地方本科院校转型为应用型大学之时，产教融合就成为一项重要建设内容。以湖南理工学院为例，其前身是由岳阳师范高等专科学校、岳阳大学及岳阳教育学院合并而成，也是"十三五"应用型本科产教融合发展工程规划院校之一。该校在国家以及地方政府的支持下，坚持深化产教融合，在教育教学上，获得教育部"产学合作专业综合改革"项目 8 项，在科研上，设有 3 个省级普通高校产学研示范基地，同时于地方政府签订了合作框架协议，致力于为本地区培养优秀的应用技术型人才。可以看出，地方高校的发展转型与产教融合是分不开的，只有坚持走产教融合的道路，才能够快速踏上教育内涵式发展的车道。

（三）产学合作协同育人项目的成立

产学合作协同育人项目于 2014 年启动实施，其主要目标在于为高校与企业的合作搭建平台，以产业需求的发展推动高校人才培养模式的改革。该项目自开展实施以来，由最初的 20 多家企业增长至现在的近 200 家，项目数也由 700 多个增长到 11000 多个，充分表明产教融合有巨大的发展潜力，是改革高等工程教育人才培养模式的必经之路。产学合作协同育人项目发展至今，项目类型由原来的专业综合改革和大学生创新创业联合基金两类，发展到教学内容、课程体系改革、创新创业教育改革、新工科建设专题等八大类，并成立了专家组对项目进行咨询、审议、指导等工作，促进产学合作协同育人项目稳步开展。在 2018 年 5 月召开的"2018 年教育部产学合作协同育人项目对接会"上，腾讯、华为、百度、中软国际等被评为产学合作协同育人项目优秀合作伙伴，湖北工业大学、西安科技大学等得产学合作协同育人项目优秀组织奖，这些产学合作的优秀案例将向全国高校进行推广。我国高等教育即将进入普及化阶段，高等工程教育也将成为经济发展的巨大牵引力。因此，只有将高校和企业的优质资源整合，联合培养人才，才能够更好地建设新工科，实现从工程教育大国到工程教育强国的转变。

二、新工科背景下产教融合育人模式特点

在建设新工科这一宏伟蓝图之下，产教融合也具有了新的时代特征。从

“国务院办公厅关于深化产教融合的若干意见”中可以总结出以下几点。

(一)在人才培养目标上

由培养应用技术型人才向培养应用技术型和创业创新型人才转变。这是依据当前国家的人力资源资源需求所做出的转变,由于产教融合最初是在职业院校实施开展的,是以增强学生动手操作能力,培养应用技术性人才为目标,这也正符合职业院校的办学定位。而随着新兴行业的发展和科技的突飞猛进,新的人力资源需求出现,需要通过产教融合培养出一大批敢想敢做的创业人才和科研能力强的创新人才,来激发产业发展活力,促进经济转型升级。

(二)在产教融合开展范围上

由地方本科教育扩大到涵盖基础教育、高等教育的整个教育体系。产教融合的实质是将学生的在校学习与将来工作有机联合,体现着终身教育的特征。而终身教育是贯穿人的一生的教育,因此,产教融合也应该体现在基础教育和高等教育中。在“国务院办公厅关于深化产教融合的若干意见”中就提到要将工匠精神培育融入基础教育,组织开展“大国工匠进校园”活动。在高等教育领域,引导学术人才和应用人才分类培养,并探索在研究生教育层次开展产教融合的探索。

(三)在高校与企业融合程度上

企业主体作用更加彰显,并深度参与育人活动。在前文已经提到,校企合作是产教融合的前提,而在以往,很多学校只是进行了校企合作,并没有达到产教深度融合的理想状态。主要表现在高校在企业建立毕业生实习基地或实践教学基地,但在课程教学方面并没有结合企业的用人标准和实际需求,导致产教融合“两张皮”。在新工科建设中,将更加强调多方主体共同作用,协同育人。具体到产教融合来说,企业将参与高校人才培养方案的制定,包括课程的设置、教学方法的实施以及实践教学安排等具体活动。除此之外,企业的技术管理人才也会成为高校教师队伍中的一员,为产教融合发挥更大的作用。

(四)在政府、高校和企业三者关系上

政府对高校和企业的宏观调控作用加强,完善产教融合双方主体的利益保障机制,引导支持高校和企业的发展,并对双方行为进行协调管控。

近些年,政府和教育主管部门在产教融合、校企合作方面做出了许多探索,

从“卓越工程师”教育培养计划的开展到产教融合发展工程的实施，再到一批又一批产学合作协同育人项目的成立，都为产教融合的进一步发展打下了坚实的基础。美国学者亨利·埃茨科维兹在其三螺旋模型中，认为政府作为契约关系的来源，要确保产业与大学机构范畴之间稳定的相互作用与交流。高校和企业双方是基于自身的利益需求开展合作的，当利益需求出现矛盾时，就需要政府从中协调解决。通过顶层设计，出台相关法规条例，明晰产教融合双方的责任划分，规范产教融合双方主体的行为。考虑到人才培养时一项需要长期投入的系统工程，政府应给予参与产教融合一定的激励政策，包括减免税收、提供金融支持等，确保产教融合的持续发展。

三、新工科背景下产教融合面临的机遇与挑战

（一）学科专业建设与产业转型升级的适应度

工程教育的发展与国民经济建设息息相关，因此其学科专业的建设发展也反映着当前产业发展的需求与规模。目前，大数据、云计算、人工智能等新兴产业层出不穷，这势必要引起工科专业结构的调整。新工科建设行动路线“天大行动”中就指出，到 2020 年直接面向新经济的新兴工科专业比例要达到 50%。这也意味着传统的学科专业面临着被撤销的风险。从教育部公布的“2017 年度普通高等学校本科专业备案和审批结果”中可以看到，采矿工程、应用物理学、应用化学等传统专业都在被撤销专业之列。专业的设置和调整是根据毕业生就业率等指标来衡量的，而用人单位的需求是影响专业调整的主要因素之一。产业的转型升级影响着企业的发展方向，企业的发展战略规划和人力资源需求对高校专业建设也产生了作用。因此，提高学科专业建设与产业转型升级的适应度，是新工科建设的重点，也是产教融合发展的意义所在。

（二）企业与高校育人双主体的融合度

育人的双主体性是产教融合这一育人模式主要特征。在以往，产教融合并没有实现真正的融合，都是以高校为主体或者以企业为主体开展育人活动，另一方则处于附属地位，而处于附属地位的往往是企业。这就导致了产教融合出现“两张皮”的情况，企业由于处于附属地位，主体性得不到有效发挥，对于产教融合的合作意愿自然也就减少。因此，提高企业与高校的融合度是深化产教融合发展成果的重要前提，也是培养新工科人才的必要措施。在“国务院办公厅

关于深化产教融合的若干意见”中，将强化企业重要主体作用摆在了显著位置，这充分表明，企业的参与程度直接影响着产教融合的质量。

因此，要加强高校与企业的融合度，首先要转观念，认识到企业在人才培养过程中不可或缺的重要作用，引导企业参与到课程与教材的编订、学时的分配、教学方法的选择等过程中，实现真正意义上的产教融合。

（三）政府宏观调控的力度和行业协会的监管度

教育的政治功能决定了我国教育事业的发展离不开政府的支持和引导，在高等教育大众化和市场经济不断发展的今天，政府也逐步放权，鼓励高校自主办学。但是要统筹高校和企业共同参与人才培养活动，政府作为宏观调控者这一角色必不可少。从“国务院办公厅关于深化产教融合的若干意见”到“职业学校校企合作促进办法”，都体现着政府推进产教融合的意志，通过政策、金融支持等方式，为产教融合提供有力保障。产教融合作为一种独特的育人模式，其发展成效如何，需要第三方组织来进行评价。行业协会在监管和指导企业行为之外，也应该对产教融合的成果进行合理评价，以此来确定产教融合发展过程中的问题。可以确定的是，在产教融合更加深入发展的大趋势下，政府、教育主管部门以及行业协会的作用也应当得到彰显，产教融合是一项系统工程，除了高校和企业之外的第三方力量的加入对其发展是十分有益的。[1]

---

[1]赵聪慧．新工科背景下产教融合的机遇与挑战[J]．内蒙古科技与经济，2018，12(417)：9-11.

第五章
产教融合创新创业人才培养的政策环境

第一节　产教融合与创新创业人才培养的关系

校企合作是建设中国特色职业技术教育体系的体制基础，地方本科教育作为职业技术教育体系中的重要组成部分，其教育范畴涵盖了学历教育与非学历教育、普通教育与成人教育、岗前教育与岗后教育、岗位培训与转岗培训等方面，构成开放式的社会化的教育网络。随着社会经济的发展，地方本科教育的范畴还会不断扩大和延伸，必须有政府、行业、企业、学校等单位共同参与、共同合作，而国家、地方性和行业的政策环境是地方本科教育实施校企合作的根本保障，也是地方本科教育创新创业人才培养的根本保障。

"国务院办公厅关于深化产教融合的若干意见"(国办发〔2017〕95 号)中指出:"进入 21 世纪以来，我国教育事业蓬勃发展，为社会主义现代化建设培养输送了大批高素质人才，为加快发展壮大现代产业体系做出了重大贡献。但同时，受体制机制等多种因素影响，人才培养供给侧和产业需求侧在结构、质量、水平上还不能完全适应，两张皮问题仍然存在。深化产教融合，促进教育链、人才链与产业链、创新链有机衔接，是当前推进人力资源供给侧结构性改革的迫切要求，对新形势下全面提高教育质量、扩大就业创业、推进经济转型升级、培育经济发展新动能具有重要意义。"进入 21 世纪以来，我国地方本科教育得到迅猛发展，地方本科教育的法规政策建设也日益受到重视，国家出台了相关地方本科教育的政策法规，对地方本科教育的繁荣发展起到积极推动作用。与此同时，随着我国地方本科教育改革的逐步深入，国家、特别是地方性的政策法规与地方本科教育改革没有完全配套，存在滞后现象，在校企合作、产教融合的实践中，经常会有一些困扰着校企双方产教融合的具体问题，找不到解决问题的政策依据，产教融合难以深入。由于政策支持及制度保障不到位，企业参与产教融合的积极性不高,这项本来具有战略意义的工作始终难以深入开展,制约了地方本科教育的质量提升,也影响了企业员工整体素质的提高。因此,分析探讨地方本科教育的政策环境,特别是产教融合的政策环境,提出具体指导校企合作的政策建议,对于政府和行业进一步完善地方本科的法规政策,改善高等院校产教融合的政策环境,推动地方本科教育创新创业人才培养具有重要的现实意义。

高等院校立足于党和国家创新驱动发展战略、建设创新型国家需要,将具有创新意识和创业技能的高素质技能型人才作为培养目标,其人才培养质量主要体现在人才培养目标的达成度上,在课程体系的建构中,"高素质"培养目标主要通过设计德育和思想政治课程来达成;"技术技能型"培养目标主要通过设计专业理论和专业实践课程来达成,而"创新意识和创业技能"的培养目标需要融入专业的整个人才培养方案,通过"产教融合"的教学组织才能实现,虽然高等院校在教学组织中也体现了校企合作、产教融合,但并没有真正意义上找到一种将学生创新创业能力培养实现产教融合的模式,这直接导致高等院校毕业生存在一种普遍性缺陷,集中表现为缺乏创新创业意识、创新创业能力差。高等院校如何实现深度的产教融合,将学生创新创业能力培养融入学校和企业协同育人的全过程,是地方本科教育一个新的命题,需要从地方本科教育的地方本科教育属性分析,从校企深度融合着手,理清产教融合与创新创业人才培养的关系。❶

一、创新创业人才培养需要"产教融合"培养平台

学生创新创业能力"产教融合"培养平台是在基于地方本科教育的地方本科教育属性要求,培养学生创新创业意识和能力的校企合作平台。地方本科教育在举校企合作之旗、走工学结合之路的多年实践中,已经积累了较丰富的校企合作资源,由于体制机制原因,校企合作的深度和广度还很不够,需要进一步加强校企的深度融合,搭建学生创新创业能力学校和企业"双主体"的培养平台。

❶黄兆信,王志强. 地方高校"双创"教育转型发展研究[M]. 杭州:浙江大学出版社,2013.

学生创新创业能力学校和企业“双主体”的培养平台是高等院校充分利用国家和地方政府对地方本科教育发展的政策，同时遵循市场经济的规律，在校企“双赢”基础上搭建的“多元化”校企合作管理平台。这些平台通过校企合作协议的形式固化下来，其目标是强化企业在创业人才培养中的重要主体作用。

“多元化”的校企合作管理平台可以是学校和行业企业战略性全面合作平台，也可以是“一校一企”或者一个教学环节的合作平台。学校可与行业企业组建地方本科教育集团，发挥职教集团的资源优势联合办学、协同育人，这种平台属于战略性的校企合作平台。学校可与企业合作举办具有混合所有制特征的二级学院，共同投资，共享学校和企业资源，共享办学收益和教学成果；也可根据企业对人才的特殊需求采用“订单式”培养，或利用高等院校的场地“引企入校”，建设生产性实训基地等形式搭建合作平台，这种平台属于“一校一企”深度融合的合作平台。高等院校在企业建立的校外实训实习基地，属于一个教学环节的校企合作平台。搭建这些平台的作用是建立一种校企“双主体”育人的机制，为学生创新创业能力“双主体”培养提供机制保障，形成一种校企共谋“双创”事业、协同育人的局面。

重庆工程职业技术学院与行业企业建立的共享型测绘类地方本科教育集团，与用友新道科技股份有限公司组建的新道创新创业学院，与中兴通信公司共建混合所有制的中兴通讯信息学院，都为学校相关专业学生在技术技能培养过程中，融入创新创业意识和能力培养搭建的校企合作平台保障。

二、创新创业人才培养需要“产教融合”的培养方案

高等院校立足于党和国家创新驱动发展战略、建设创新型国家需要具有创新意识和创业技能人才需求的大背景，围绕为区域支柱行业和战略新兴产业服务，培养具备创新创业能力的高素质技术技能人才，关键在于制定好学生创新创业能力“产教融合”的人才培养方案，将创新创业人才培养融入学校和企业“双主体”人才培养的全过程。

创新创业能力“产教融合”人才培养方案有两个基本特征：一是“行业企业能力需要特征”，就是要准确把握行业企业对地方本科毕业生创新创业能力的需求，将行业企业对毕业生创新创业能力的需求，作为人才培养方案中课程体系和课程教学内容设计的依据；二是“双主体培养特征”，就是要充分利用学校

和企业这两个“双主体”培养平台，学校和企业共同制定融入创新创业能力培养的专业人才培养方案、共同构建专业课程体系、共同开发课程教学资源、共同实施课程教学及考核评价、共同指导学生的创新创业实践。

高等院校学生创新创业能力“产教融合”人才培养方案的制定，首先基于行业企业对毕业生创新创业的能力需要，这需要在进行广泛的行业企业需求调研，收集行业企业对地方本科毕业生创新创业能力的基础上确定；其次需要经过以行业企业专家为主的专业指导委员会研讨认证，这些专家由行业企业专家、能工巧匠和教育教学专家组成，能够准确分析学生创新创业能力培养在学校和企业层面培养的着力点和教学的组织形式；最后是需要采用科学的分析方法，能够将大量调查研究资料进行科学归纳，解析出可行动的领域，作为创新创业课程的设计依据。

在“产教融合”的人才培养方案编制时，教学环节和课程教学组织形式设计遵循创新创业“能力递进”培养原则，按照学生创新创业“意识培育→创新创业体验→实体孵化”过程递进培养进行系统设计。通过“意识培育”，激发学生的创新意识，培育学生的创新思维；通过“创新创业体验”，实现从创新创业认知到创新创业体验感知；通过“实体孵化”，建成校内经营性创业项目、持续培育学生创新创业能力，不断形成创新创业成果。高等院校可在第1～2学期，开展创新创业理论必修课程和选修课程教学，实现“课前－课中－课后－课外”创新创业教学全过程闭环，组建创新创业社团，开展创新创业的团学活动，培育创新创业意识；在第3～4学期，安排创新创业实践课程教学环节，实现从“上课到上班”的转变，在校外跟岗、顶岗实习中融入创新创业要求，实现实习过程的创新创业技能培养；同时对专业课程教学融入创新创业教育，鼓励学生参加各级各类技能比赛和创新创业大赛；在第5～6学期，推动学生将创新创业比赛和技能大赛成果转化为实体，孵化创新创业项目，组织学生进入创新创业孵化基地创业实体经营，提升学生创新创业实际工作经验和能力。人才培养方案的实施需要深度的产教融合。

三、创新创业人才培养需要“产教融合”的教学组织

高等院校在构建专业课程体系时，应将创新创业课程作为专业课程体系中的一个子体系进行系统设计。创新创业子体系的课程包括创新创业理论课程、

融入创新创业知识点的专业课程、创新创业实践课程，课程设置遵循行业企业对毕业生创新创业能力需求导向的课程生成机制。需要特别强调的是，在制定专业课程标准和实训实习标准时，要将创新创业的知识点编入标准，作为专业课程教学和实训实习的内容。通过创新创业理论课程教学，达成培育学生创新创业意识的目标；通过融入创新创业知识点的专业课程教学和课程实训，达成培养学生创新创业基本技能的目标；通过创新创业实践课程教学，达成提高学生创新创业技能、进行创新创业体验、实体孵化的目标。

创新创业理论课程和实践课程需要按照校企“双主体”实施来进行模块化设计，分为学校教师传授的课程模块、企业教师传授的课程模块以及学校和企业教师联合传授的课程模块。将创新创业的理论课程设计为校内课程模块，由学校教师教授，通过改革传统课堂教学模式，鼓励学生学起于思、思源于疑，养成学生质疑问难、独立思考的习惯，培养学生的创新品质和意识。将融入创新创业知识点的专业课程设计为学校和企业教师联合传授的课程模块，通过课堂、校内实训基地和校外实习基地交互式教学组织，培养学生的创新创业基本技能。将实习课程设计为企业教师传授的课程模块，通过企业教师对学生传授新工艺、新技术和学生的顶岗实习，培养学生的专业技能、创新能力，激发学生的创新创业灵感和热情。

课程教学和实训实习需要采用学校和企业“双主体”交互式组织，要体现校企“双主体”交互式教学的特点。学校课程模块的教学还应在创新创业意识培育的基础上，将“创新创业体验”到“企业实际商业运营”的实践教学引入课堂，推行情景式教学、参与式教学等多样化的教学形式，并有计划地组织学生在创新创业导师指导下进行创新创业社团活动、科研创新活动、技能竞赛活动等，“知之者不如好之者，好之者不如乐之者”，使学生在虚拟和真实环境中学习，在社会实践活动中大胆创新，培养学生的创新意识、创造热情和创新创业的基本能力。企业教师传授的课程模块在校外实习基地组织教学时，还应有计划地安排学生作为校企合作研发项目、课题的助手，让学生体验和参与校企合作创新的过程，培养学生的创新兴趣和能力。

四、创新创业人才培养需要“双主体”的师资队伍

随着地方本科学生创新创业能力“双主体”培养模式教学组织形式的变化，

学校和企业"双主体"的师资队伍建设就成为必然要求。"双主体"师资队伍与高等院校学徒制改革的"双导师"制类似,但也有区别。"双主体"师资队伍与"双导师"制的共同点在于两者都是学校与企业教师共同培养学生,区别主要体现在两点:一是"双主体"师资队伍是学校和企业两个主体都有提供和培训教师的责任和义务,而"双导师"制可以是企业兼职教师的个别行为,所以"双主体"师资队伍比"双导师"制更有校企合作的机制保障;其二是"双主体"师资队伍根据课程设计,除有传统的技术技能培养要求外,还有学生创新创业意识培育和能力培养的要求。

"双主体"师资队伍建设仍然要体现"双主体"培养的特点,即由学校和企业联合培养。"双主体"师资队伍建设过程中主要是要解决培养机制问题,高等院校要建立起对合作企业兼职教师的培养机制,以制度形式固化下来。要明确企业兼职教师是"双主体"师资队伍的重要组成部分,在学校师资队伍建设规划中,要规划培养一批稳定的企业技能大师、企业兼职专业带头人和企业兼职骨干教师。要将企业兼职教师的培养培训支出、兼课津补贴支出作为学校的正常教学支出,列入预算给予保障。高等院校要根据规划针对性地通过多种形式的教育教学培训,使企业兼职教师取得地方本科教育教师资格,掌握先进的地方本科教育教学理念和现代地方本科教育的教学方法,提高他们的执教能力。在操作层面还应与合作企业协调好企业兼职教师接受培训、到校任教和在企业教学的时间安排,保障好企业兼职教师的权益。

高等院校要充分挖掘"双主体"培养平台的功能,在企业建立学校教师到企业培养的机制。学校教师到企业培养可采用到企业岗前培训、挂职顶岗、合作研发、假期研修等形式,全面提升教师专业实践能力和应用技术开发能力。学校教师到企业挂职顶岗、合作研发,企业给予正常报酬,列入企业成本核算;学校教师到企业岗前培训、假期研修,学校列入培训支出,作为事业支出,不增加企业负担。

"双主体"师资队伍建设还应突出创新创业建设内容,加强"双主体"师资队伍创新创业教学能力的培养,使学校和企业更多的教师获得创新创业培训师资质,并建立创新创业团队,实施创新创业"双主体"导师制度,指导学生创新创业活动的开展。通过"双主体"师资队伍建设,不但"双主体"师资本身受益,也可获得创新创业实践教学案例,反哺创新创业教学。学校和企业教师作为校企合作的纽带，能够促使学校和企业联系更加密切，进一步促进学校和企业的深度融合。

五、创新创业人才培养需要"产教融合"的培育机制

高等院校学生创新创业能力培养的最后环节是学生创新创业成果的孵化，创新创业成果孵化需要项目培育和孵化基地，项目培育和孵化基地建设也要体现"双主体"特征，需要建立"产教融合"的培育机制。

创新创业的培育项目来源于学生的创新创业实践。来源渠道主要包括以下几个方面：一是学生创新创业团队活动的创意，这些创意必须形成具有可行性的实施方案；二是各级各类创新创业大赛的项目，特别是获奖项目；三是来源于学生在企业实训实习期间获得的小灵感。学校应建立创新创业学分积累与转换机制，安排"双主体"创新创业导师指导学生的创新创业活动，定期组织学生创新创业大赛，激发学生参加大赛的创新创业热情。同时加大扶持校级获奖项目的培育力度，鼓励校级获奖项目参加国家、省市和行业创新创业大赛，通过高强度的参赛准备过程提升学生的创新创业技能，通过取得大赛好成绩来提高学生创新创业的成就感。

创新创业项目孵化基地应该采用学校和企业"双主体"建设模式。在学校层面，提供校内实训基地作为学生创新创业实验平台，建设校内学生创新创业实体孵化基地，提供学生创新创业必要的条件和场所，打造校内创新创业的实体孵化平台。在学生创新创业项目进入创新创业孵化基地进行实体孵化时，采用项目奖励、场地租金减免、水电费减免等形式给予一定的财政补贴，但对于实体孵化的项目要求按照经营模式进行成本核算，使学生在真实的社会环境中进行创新创业的体验。合作企业对于学生来源于实训实习期间的创新创业项目，应为学生提供项目孵化实验平台和必要的技术指导，以促进学生创新创业项目的成熟。

重庆工程职业技术学院与新道科技股份有限公司共建大型创新创业体验平台，共建"新道创新创业学院"，共同培养创新创业导师，实现校企资源共享，孵化出参加全国创新创业竞赛获奖项目转化的"九减一"校园快递、"小时光"书吧等多个微型企业，为学生实现创业梦提供了广阔的舞台，形成了校企共谋"双创"事业、共育创新创业人才的新局面。

地方本科教育通过大力推进产教融合，提高地方本科教育培养具备创新创业能力的高素质技能型人才，紧紧围绕统筹推进“五位一体”总体布局和协调推进“四个全面”战略布局，坚持以人民为中心，坚持新发展理念，认真落实党中央、国务院关于教育综合改革的决策部署，深化地方本科教育、高等教育等改革，发挥企业重要主体作用，促进人才培养供给侧和产业需求侧结构要素全方位融合，培养大批高素质创新人才和技术技能人才，为加快建设实体经济、科技创新、现代金融、人力资源协同发展的产业体系，增强产业核心竞争力，汇聚发展新动能提供有力支撑的需要。

第二节　产教融合存在的问题及原因分析

从产教融合与创新创业人才培养的关系分析，在地方本科教育创新创业能力培养过程中，学校和企业“双主体”培养功能发挥至关重要的作用，只有实现学校和企业“双主体”培养，才能实现真正的产教融合。创新创业人才培养需要传统意义上的校企合作平台建设，更需要学校和企业“双主体”制定培养方案、“双主体”进行课程体系的构建和课程建设、“双主体”实施课程的教学组织、“双主体”师资队伍和“双主体”的培育机制保障。对于“双主体”中培养主体企业而言是否愿意和能够充分发挥“主体”作用，对于高等院校在实现产教融合过程中又有什么难言之隐，需要调研分析地方本科教育产教融合存在的问题和原因，找出解决问题的路径。对政府和行业进一步完善地方本科的法规政策，改善高等院校产教融合的政策环境，推动地方本科教育校企合作深度和广度发展具有重大的现实意义，并且对高等院校创新创业人才培养同样具有重要的现实意义。

一、企业视域的“产教融合”存在问题和原因分析

为了研究地方本科教育校企合作、产教融合的现状，重庆市教育委员会人文社会科学研究项目“重庆市地方本科教育校企合作政策环境研究”课题组，针对企业进行了专题调查。课题组设计了产教融合的政策环境、校企合作机制、企业兼职教师管理、工学结合人才培养模式、学生顶岗实习管理等专项调查内容，历时半年进行问卷调查，共发出调查问卷 1662 份，回收问卷 1572 份，其中

有效问卷1468份，有效问卷回收率达到88.3%。

(一)"产教融合政策环境"调研结果分析

课题组对352份关于产教融合政策环境的有效问卷的28个调研选项抽取了其中的12个选项进行了分析。

1. 产教融合企业视域的影响因素分析

从调查表中统计并分析得出，影响产教融合的主要因素中，56%选择政府缺乏相应的政策，18%选择缺乏合作机制，12%选择企业利益得不到保障，13%选择缺乏校企双方交流平台，1%选择学校缺乏主动性，如图5-1所示。

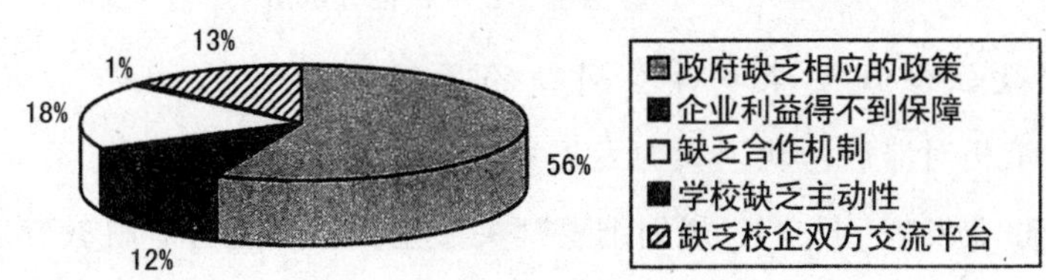

图5-1　产教融合企业视域的影响因素分析图

2. 产教融合企业优惠政策期望分析

从调查表中统计并分析得出，调查企业的100%选择希望政府给予相应的税收优惠；调查企业的99.14%选择按实习工种给予人才培养培训补贴，调查企业的92.89%选择宣传企业形象，授予荣誉称号；调查企业的99.43%选择以奖代补、补助企业参与地方本科教育的费用，如图5-2所示。

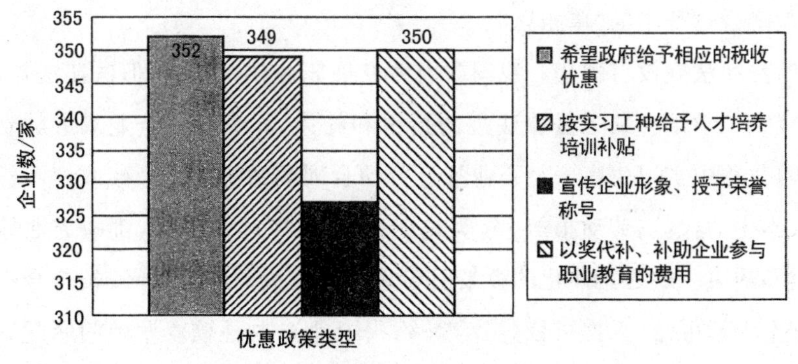

图5-2　产教融合企业优惠政策期望分析图

3. 产教融合企业积极性分析

从调查表中统计并分析得出，19%的调查企业选择非常愿意，53%的调查企业选择比较愿意，而选择无所谓或者不愿意的比例则达到了28%，如图5-3所示。

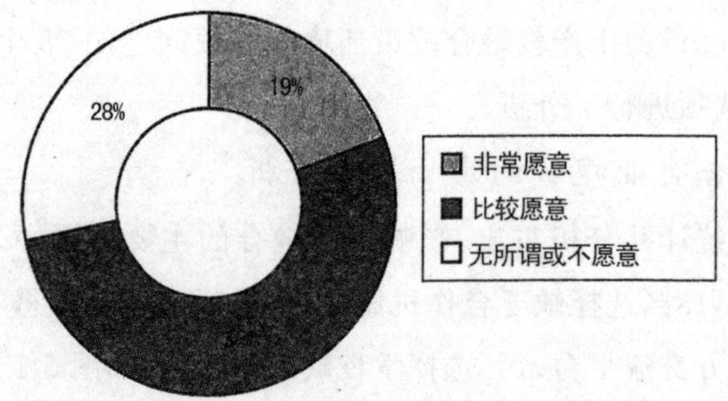

图5-3　产教融合企业积极性分析图

4. 产教融合政策环境存在问题的原因分析

(1)政策相对滞后。我国大力发展职业技术教育在宏观上有国家政策，如"国家教育事业发展'十一五'规划纲要""关于全面提高地方本科教育质量的若干意见"等，但缺乏具体指引和鼓励行业企业参与地方本科教育、支持地方本科教育的政策导向，尤其在校企合作、工学结合这些关键环节上缺乏具体化的引导和约束机制。实现校企合作的"厂中校""校中厂"的办学模式，就必须有部分学校国有资产由"事业性资产"转为"经营性资产"。按现行国有资产管理的政策，这种转变必须经政府职能部门的审批，而政府相关职能部门对校企合作的政策还不明朗。在未得到批文前，这种转变不能实施，将会影响到校企深度合作的进行。这些是企业认为"地方本科教育是学校的事"及学校在践行校企合作、产教融合过程中的"单相思"。

(2)法律法规没有配套。我国要大力发展职业技术教育，但法律法规滞后。校企合作、工学结合缺乏法律法规的指引和约束，如学校和企业双方的责、权、利，实习过程中实习生尚未与企业签订劳动合同的情况下企业接收实习学生的权益及学生的权益、劳动报酬、劳动安全、劳动保障和保护等，都缺乏法律法规的指引和约束。缺乏具体化的政策引导和法律法规的滞后，导致校企合作在不少环节上无章可循、无据可依，成为制约我国地方本科教育发展的瓶颈。校企合作法律法规尚需制定与完善，需要强化和规范政府、行业企业、学校在产教融合中应承担的责任和义务。

(3)政府的主导作用还没有完全到位。首先，中央政府、教育部出台的一系列引导、鼓励高等院校开展校企合作教育的政策，仍然停留在宏观政策层面上，还没有建立起权威的、完整的校企合作教育的法律法规，也没有具体的规则或指导手册，特别是对校企合作教育中企业行为、企业责权利如何界定没有明确规定。其次，虽然国家在“十三五”规划中承诺国家财政支持将地方本科教育发展，地方政府还出台配备资金的政策，但是这些资金主要用于职业院校的实训中心建设，对校企合作教育的资金支持没有明确的规定。特别是国家还没有制订相应的法律法规，以保护校企合作教育中企业的利益。第三，各级政府还没有建立专门的校企合作教育的组织协调机构。但仅仅依靠教育主管部门的沟通是不够的，因为校企合作教育涉及众多的企业，牵涉众多的政府主管部门，必须由政府出面来协调各方面的利益关系。

(4)高等院校产教融合的意识和服务功能不到位。在推动校企合作教育的过程中，高等院校应该积极主动推进校企合作教育。部分高等院校产教融合的意识和服务功能不到位，产教融合难以深入，主要表现在：第一，高等院校没有能够有效利用现有地方本科教育政策工具，因地制宜地开展产教融合；第二，高等院校受自己条件的限制，还不能为合作的企业提供人才、技术、服务、管理等方面的支持，自身缺乏合作的资本和实力。

(二)“产教融合机制”调研结果分析

课题组对关于产教融合机制的352份有效问卷的26个调研选项抽取了其中的15个选项进行了分析。

1. 产教融合主要形式分析

从调查表中统计并分析得出，调查企业的80%选择可以选择邀请企业家来学校讲座；调查企业的21%选择派遣技术员到学校指导；调查企业的16%选择共建校企合作实习基地；调查企业的34%选择订单培养、联合培养学生；调查企业的52%选择邀请教师到企业交流；调查企业的46%选择到企业实地参观考察，如图5-4所示。

2. 产教融合企业对学校期望分析

从调查表中统计并分析得出，调查企业的16%选择与学校共建技术中心，调查企业的34%选择能够与学校签订培养协议，而选择学校提供技术管理咨询的达到了76%，选择与学生家长签订实习协议书的占了36%，如图5-5所示。

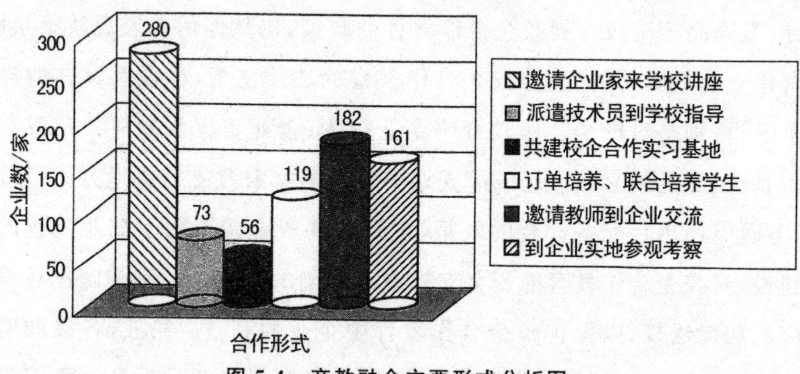

图 5-4 产教融合主要形式分析图

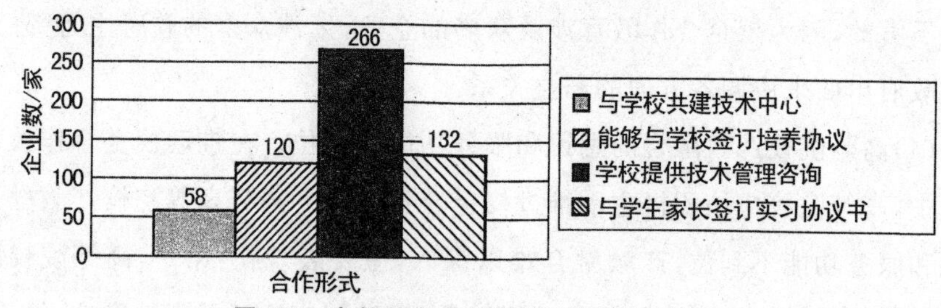

图 5-5 产教融合企业对学校期望分析图

3. 产教融合企业方的担忧顾虑分析

从调查表中统计并分析得出,所有的调查企业都会担心学生安全问题,53%的调查企业会担心设备损耗,调查企业的 92%会担心生产效益,80%选择实习劳动报酬,调查企业的 98%选择担心学生管理,如图 5-6 所示。

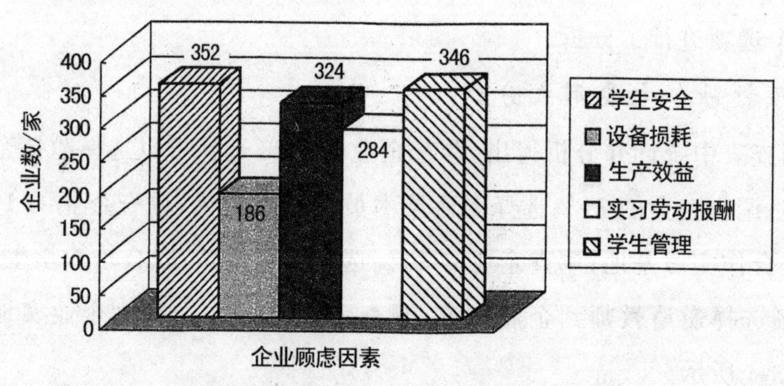

图 5-6 产教融合企业方的担忧顾虑分析图

4. 产教融合机制存在问题的原因分析

(1)学校和企业没有融合的市场基础。目前建立起来的校企合作机制没有真正意义上做到以"需求"为前提、"互利双赢"为基础,没有真正遵循市场经济的规律。只有校企双方拥有各自的资源优势和相关需求，企业才会产生合作的兴趣，才可能建立起平等、长效的合作关系，服务高校人才培养和企业技术进步，实现校企互利双赢。

(2)校内外资源没有得到有效整合。高等院校没有能够借助管理平台，把行业企业的设备、师资、标准、需求拿过来，为学校开展产教融合、工学结合人才培养模式改革提供有力支持，解决政府投入不足、社会共同分担办学成本的问题。从行业企业层面看，行业企业标准执行人才的培养方案没有得到解决，满足企业对技术进步、技术服务的要求也没有达到。

(三)"工学结合人才培养模式途径"调研结果分析

课题组对关于工学结合人才培养模式途径的22份有效问卷的30个调研选项抽取了其中的9个选项进行了分析。

1. 产教融合的顶岗实训意愿分析

从调查表中统计并分析得出，只有6%的企业选择接纳学生、随意安排；调查企业的42%选择学生旁观、师傅示范，调查企业的24%选择学生顶岗、师傅指导，调查企业的28%选择学生顶岗、师傅和教师联合指导，如图5-7所示。

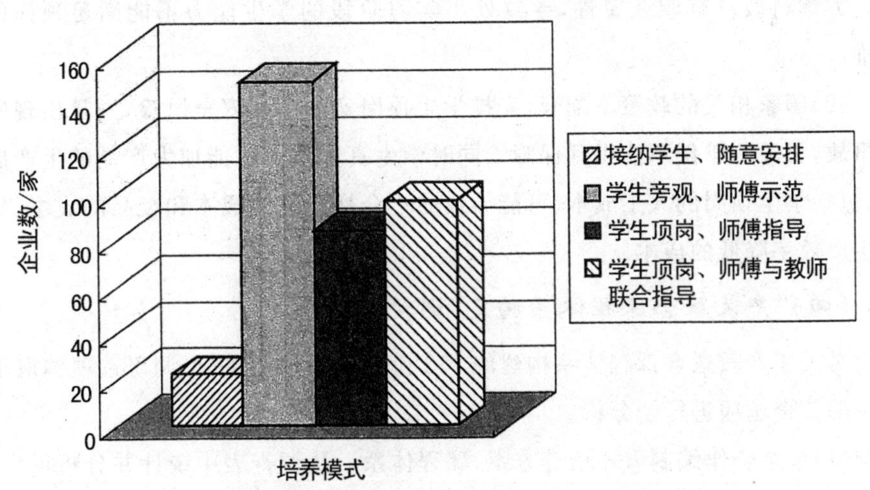

图5-7　产教融合的顶岗实训意愿分析图

2. 工学结合人才培养模式形式分析

从对20所学校的调查统计分析得出，40%的企业选择订单培养，所有的调查企业选择工学结合，调查企业的80%选择任务驱动，调查企业的90%选择项目导向，所有的调查企业选择顶岗实习，如图5-8所示。

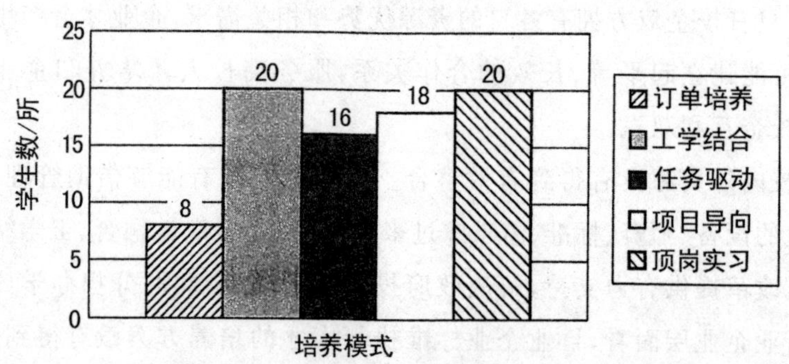

图 5-8　工学结合人才培养模式形式分析图

3.“工学结合人才培养模式途径”存在问题的原因分析

工学结合人才培养模式在调查企业中多数愿意以任务驱动、项目导向这些能够以顶岗实习的形式进行，但在实际操作中多达 42%的调查企业选择学生旁观、师傅示范的形式安排，主要原因如下。

(1)高等院校重“高”轻“职”，忽略地方本科教育的地方本科教育属性，不能较好地把握“高”与“职”的关系，学科培养印迹明显。部分成人高校改制设置的高校和传统的高等专科学校，在人才培养模式上带有严重的学科教育倾向，忽略地方本科教育有职业属性，导致处于实习阶段的学生能力不能满足顶岗的标准。

(2)国家相关的政策不配套，安排学生顶岗实习存在安全风险，一旦出现安全事故，相关的赔偿不能得到保障。同时学生真正顶岗可能加大产品的生产成本，包括学生顶岗的人工成本、可能导致的不合格产品的成本和废品的成本、导致生产效率降低的成本。

(四)“产教融合课程体系构建”调研结果分析

对关于产教融合课程体系构建的 352 份有效问卷的 11 个调研选项抽取了其中的 5 个选项进行了分析。

(1)校企合作编制人才培养方案，课程体系。从调查表中统计并分析得出，只有 7%的调查企业选择有，而选择没有的企业达到了 93%，如图 5-9 所示。

(2)企业参与课程开发情况。从调查表中统计并分析得出，只有 7.93%的企业参与了课程开发，而未参与课程开发的企业占到了 92.07%，如图 5-10 所示。

(3)参与企业参与课程开发的程度调查情况。从调查表中统计并分析得

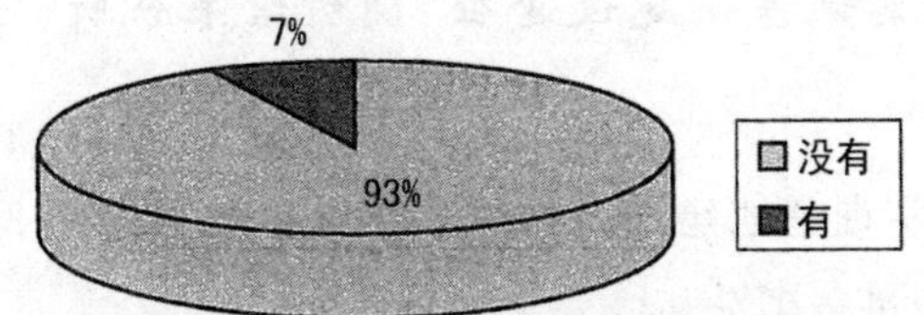

图 5-9 校企双方合作编制人才培养方案、课程体系分析图

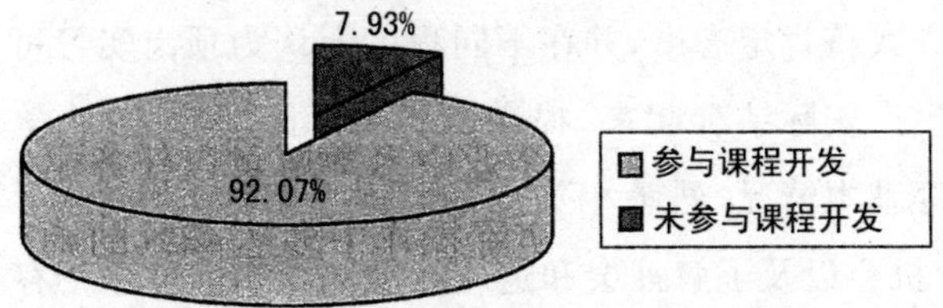

图 5-10 企业参与课程开发情况分析图

出，346 家企业未参与课程开发，76 家企业偶尔参与课程开发，而只有 8 家企业选择完全参与课程开发，如图 5-11 所示。

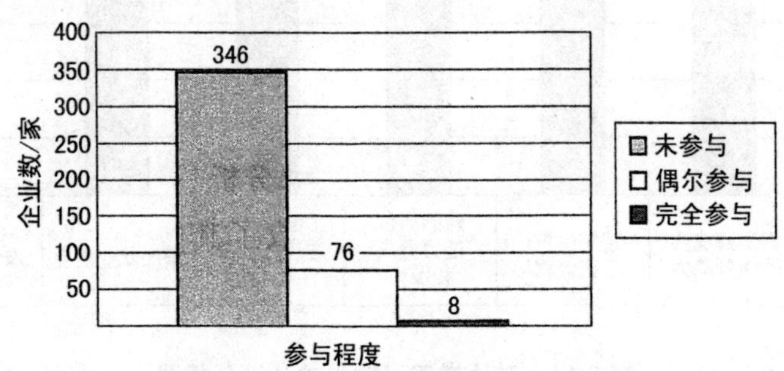

图 5-11 企业参与课程开发的程度分析图

工学结合课程建设存在问题的原因分析

(1)课程作为产教融合的基本载体，企业的参与度普遍偏低，高等院校仍然沿用传统的课程观，校企双方没有做到完全意义上的共同培养学生，在最基本的课程开发上企业大多没有参与，造成基本由学校教师开发实习课程的局面，理论和实践脱节，实现产教融合的难度大。

(2)课程标准与行业标准脱节，由于企业参与的程度不高，必然导致行业标准融入课程标准的程度不高。课程作为达到专业培养目标的手段，具体规定了课程的性质、目标、内容框架、实施建议及评价建议，课程标准与行业标准脱节，必然与行业企业的人才需求脱节，培养的人才不能满足企业的实际需要。

(五)“生产性实训基地建设途径”调研结果分析

1. 调研分析

对关于生产性实训基地建设途径的500份有效问卷的26个调研选项抽取了其中的13个选项进行了分析。

(1)对顶岗实习效果的认识。从调查表中统计并分析得出，大多数人都对顶岗实习这一方式持肯定态度，并在不同程度上认为顶岗实习可以使学生将所学专业知识与生产实际结合起来，提高解决实际问题能力；让学生了解企业的生产工艺流程等基本情况，熟悉相关岗位能力要求和操作规范，了解企业招工标准；增加就业机会以及了解社会和适应社会的机会。几乎不存在认为顶岗实习过程中没什么收获的情况，如图5-12所示。

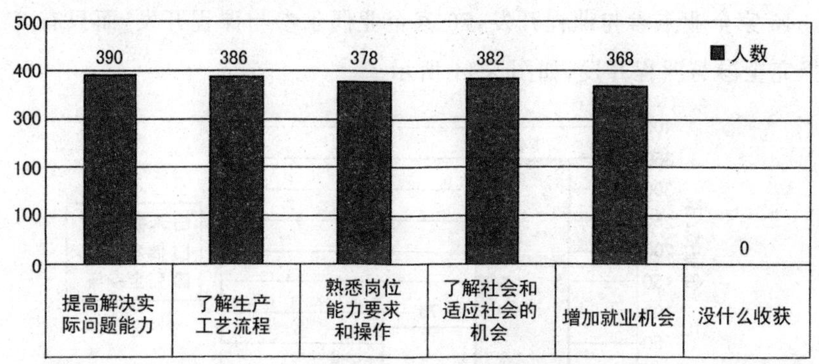

图5-12　对顶岗实习效果的认识分析图

(2)发放实习工资情况。从调查表中统计并分析得出，有141人认为学生顶岗实习期间实习单位发实习工资(或实习补助)，比例在40%以下，而认为实习工资发放比例应超过80%的只有62人，如图5-13所示。

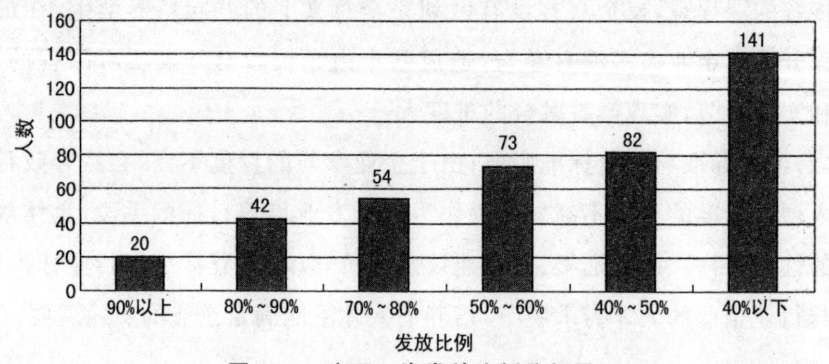

图5-13　实习工资发放比例分析图

(3)考核管理开展情况。从调查表中统计并分析得出，只有39%的调查企业对实习学生进行考核管理，而未进行考核管理的调查企业占到了总数的61%，如图5-14所示。

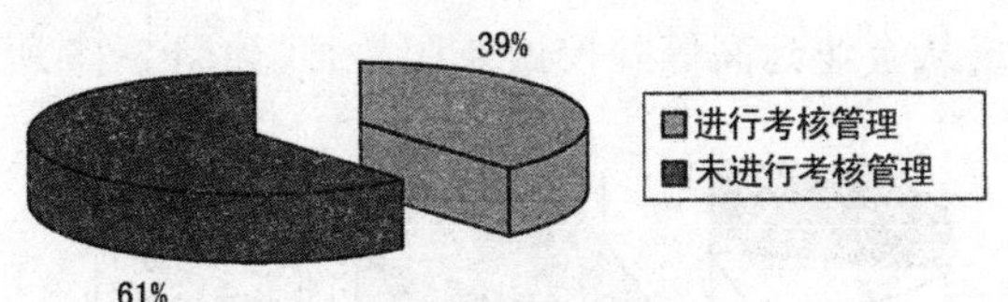

图5-14　考核管理开展情况统计分析图

2. 校外实训基地建设中存在问题的原因分析

(1)顶岗实习企业管理主体身份不明确。顶岗实习是一项涉及学校和企业主体身份互换的制度安排。因此，顶岗实习需要进行周密的制度设计，包括在企业的实习安排、考核管理等诸多内容，都应该由企业安排。从我们调查的状况来看，实践中企业对学生顶岗实习处于被动接收状态，造成企业对学生的组织管理滞后、时间安排不合理、缺乏合理的考核管理机制等，在一定程度上影响了实习的成效。

(2)顶岗实训的学生身份尴尬。顶岗实习是正常的教学环节，学生是以企业员工身份参与企业工作实践，应由企业主导，而不是由学校唱"独角戏"管理，或者两不管的"放羊"。在实践中，一方面企业在接收到成批派遣的实习生时，直接将学生送到流水线上做没有任何技术含量的操作工，完全没有起到培训教学的作用；另一方面不少院校认为，学生一旦进入企业进行学习，学校就完全没有了责任，不用再去操心。有些学校借顶岗实习"节约"办学成本(相当于缩短了一年学制)，有些学校甚至趁机"腾仓"扩招、超容量办学，带来很多隐患和矛盾。顶岗实习中，只有少数校企会联合指导对实习学生进行培训。

(3)顶岗实训学生薪酬、劳动保护缺乏政策明确规定。学生顶岗实习该不该获酬、以什么标准支付等问题，在实践中一直存在争议，很多企业认为学生是消费者、求学者，因此不应获得报酬；很多企业以"实习生不能签订劳务合同"为由，把学生当成廉价劳动力，公然与校方合谋克扣、截留学生的劳动所得，造成顶岗实训学生薪酬、劳动保护缺乏政策明确规定给予保障。

(六)"企业兼职教师建设"调研结果分析

1. 调研分析

对关于企业兼职教师建设的352份有效问卷的27个调研选项抽取了其中

的8个选项进行了分析。

(1)企业兼职教师意愿度调查。从调查表中统计并分析得出,53%的调查对象赞成从企业到高等院校做兼职教师,29%的调查对象认为无所谓,而18%的调查对象不赞成从企业到高等院校做兼职教师,如图5-15所示。

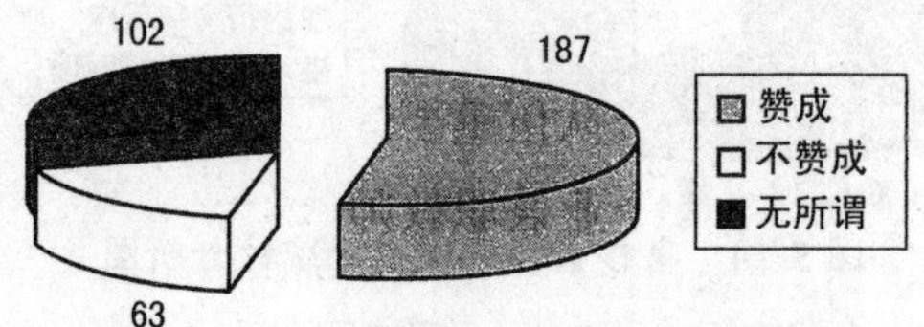

图5-15 企业兼职教师意愿度调查分析图

(2)做兼职教师对自己工作影响度。从调查表中统计并分析得出,多数被调查者均对从事兼职教师表示了一定的忧虑,认为会对个人发展造成一系列不良影响,如图5-16所示。

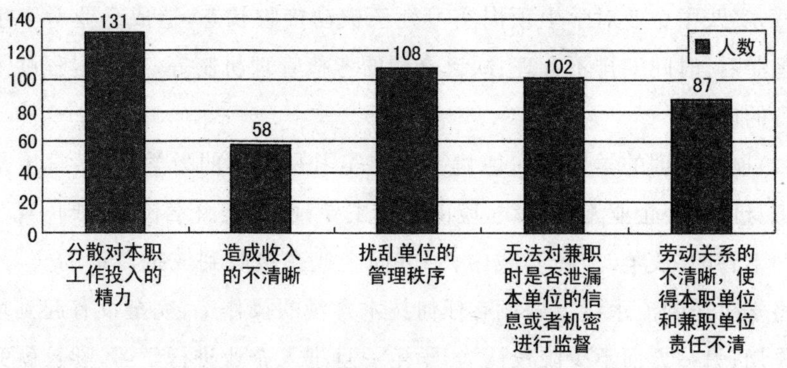

图5-16 兼职教师对个人工作影响分析图

2.“企业兼职教师建设”中存在问题的原因分析

企业兼职教师建设是地方本科教育培养高质量技术应用型人才的需要,是地方本科教育提高教学质量和持续发展的需要。在实际工作中,还存在着聘任难、管理难、上课课时无法保证、教学质量不够高等一系列难题。

(1)政策不配套造成企业和企业员工缺乏兼职的积极性。由于企业对职工的管理拥有完全的自主权,国家没有出台相关法律法规,明确企业支持企业职工担任职业院校兼职教师的明确义务,造成企业普遍不愿意员工因兼职而影响企业的工作。企业员工因兼职会对本职工作造成影响,造成在企业的发展受影响而缺乏兼职的积极性。

(2)高等院校没有建立起对合作企业兼职教师的培养机制。高等院校没有建立“企业兼职教师是学校师资队伍重要组成部分”这一理念，缺乏企业兼职教师建设规划、培养规划，没有将企业兼职教师兼课津补贴支出作为学校的正常教学支出，列入预算给予充分保障。由于政策原因，在操作层面很难与合作企业协调好企业兼职教师接受培训、到校任教和在企业教学的时间安排，保障好企业兼职教师的权益。

二、高等院校视域的产教融合存在的问题和原因分析

为了研究地方本科教育校企合作政策环境的现状，重庆市教育委员会人文社会科学研究项目“重庆市地方本科教育校企合作政策环境研究”课题组，对重庆市属30所高等院校进行了现场专题走访调查。

（一）地方政府地方本科教育政策缺乏整合性设计

在现阶段，重庆市关于地方本科教育校企合作的政策主要是零散地出现在一些通知、意见等文件中，统一的政策制定和发布主体较散乱，在纵向上政策体系存在断层现象，政策设计缺乏整合，少有政策能够上升到国家层面的法律法规，总体来说，重庆市甚至全国的地方本科教育校企合作政策的总体处于一个较低的水平。大部分政策文件只是从宏观上对校企合作的指导，具体实施细节没有量化，落实责任主体还不够明晰。“十二五”期间，重庆市各部门各地区围绕着“校企合作”出台了多项政策，但其中多数地方存在层层转发文件、以文件落实文件，使得校企合作政策的落实在事实上陷入了“上面重视、呼吁、鼓励、支持，下面同样是重视、呼吁、鼓励、支持，至于如何重视、鼓励、支持，却没了下文”的僵局，同时还存在着政策执行主体含混不清、分工不明、责任过于集中在院校的问题。如重庆市2015年下发的关于地方本科教育校企合作的政策文件中，几乎所有政策举措都强调了市教委的牵头作用，但就推进校企合作而言，行业企业的相关主管部门显然有发挥更大能动性、承担更大责任的空间，政府服务管理的部门和资源分配不均，导致校企合作政策落地困难重重。

（二）地方政府地方本科教育政策缺乏针对性

我国大力发展职业技术教育虽然在宏观上不乏国家政策，但这些文件大多都是宏观政策，许多还仅仅停留在粗线条的规定上，缺乏具体的配套政策，操作性不强。重庆市地方本科教育校企合作政策很大一部分属于“普遍重视”政策，是对中央政府及相关中央部委政策的转发以及贯彻实施，针对重庆市地方特色

制定的校企合作政策较少，在部分区县稍有体现但也并未具体强调。关于地方本科教育校企合作政策，各级政府出台的多数是宏观性政策，这些政策在实践过程中缺乏可操作性，具体到各个省市、区县的实际情况各不相同，实施效果自然也就存在着很大的差异性。因此，重庆市地方本科教育校企合作政策总体上地方特色不明显、政策欠缺针对性，在全国范围来看，尤其是和东部职教发达省市的地方本科教育校企合作政策稍做比较，可以看出重庆市的政策对促进地方本科教育校企合作没有明显优势，因此在校企合作的深度和效率上对比东部省市也相对较低。

(三)地方政府地方本科教育政策缺乏适用性

“十一五”以来，国家高度重视地方本科教育校企合作的制度和机制建设，重庆市也不断探索实践，校企合作的实践取得了值得肯定的成就，但地方本科教育校企合作相关法制建设仍然十分薄弱。当前有关职教校企合作的主要法律依据是1996年实施的《地方本科教育法》，但迄今还没有与其配套的下位法。重庆市地方性法规对地方本科教育校企合作的相应规定也语焉不详，在制度法规保障方面力度不够。

重庆市职教校企合作政策从本市各级政府层面上存在的适用性问题主要表现为：第一，各级政府对如何发挥自身主导作用认识不足，对实现主导作用的形式和路径缺少探索和经验积累，相关校企合作的法律和政策制度不健全，协调引导作用有待加强；第二，校企合作的管理体制尚不完善，政府及其部门参与的职责分工有待明确；第三，政府主导不足，导致校企合作多方参与、沟通对话、经费投入引导和保障机制、监督评价机制等还不完善，资源整合力度不够，对参与地方本科教育优惠政策宣传力度不够；第四，政府支持的社会化评价机制不健全，参与合作的企业资质缺乏明确规定和认定，企业参与合作的效果缺乏整体评价；第五，职业准入、职业资格证书与人才培养的关联性不够，校企合作的教育规范和标准不够成熟。

(四)行业引领地方本科教育的作用发挥不够

在行业层面，行业指导地方本科教育的权限不明确，支持和鼓励行业组织参与地方本科教育与培训的政策尚不健全。我国法律没有明确规定行业协会在地方本科教育发展中的地位和作用，使得行业组织的协调指导作用没有得到充分发挥，在行业岗位标准、课程标准等制定中的主导作用发挥不够充分；行业组织对地方本科教育的校企合作的监督机制尚未建立。行业协会与地方本科教育的交流对话制度有待进一步完善。另外从整体上看，重庆市行业自身独立发展的水平有限，指导地方本科教育发展的能力不足，自身能力尚需逐步培养，不像德国等发达国家的行业协会那样具有制定标准、主持考试、颁发资格证书的权利和能力。

（五）企业参与产教融合的积极性普遍不高

第一，政策中应当明确，企业应是地方本科教育和培养未来员工的主体，但在现行政策环境下，企业界表达意愿的机会、条件尚不成熟，参与地方本科教育内驱力不足，未能充分发挥起作用；第二，重庆市大量中小型企业缺乏战略发展理念，参与校企合作动力不足，社会责任意识不够，合作关系大多靠感情维系，而相关职教校企合作政策对这部分企业未能形成有效鼓励作用；第三，现有的合作组织管理不健全，在具体专业建设、课程开发以及对实习实训管理等诸多环节中，企业大多处于被动状态，教育培训的标准和规范缺失，校企合作流于表面形式，长此以往企业与职业院校双方都会更加懈怠；第四，目前重庆市体力劳动依赖为主而非技能依赖为主的企业大量存在，企业的转型升级尚未完成，缺乏参与技能型人才培养的基本动力。

（六）高等院校自身还欠缺深度产教融合的“本钱”

在职业院校层面，现行校企合作政策同样存在着一些适用性不高的情况。第一，部分职业院校缺乏现代学校的制度理念，合作发展机制不健全，整合资源能力不够；第二，品牌创建意识不够，专业水平和技术技能积累不足，难以引领行业发展；第三，技术服务能力较弱，难以吸引企业参与；第四，人才培养模式创新不足，未能确立被校企双方共同尊重的教育规范和标准，难以适应产业需求；第五，学生实习监管不到位，难以保证实习质量。细化到学生层面，有更具体的问题：学生的顶岗实习、实训的内容和要求与企业的用人标准、与工作岗位要求不太相符；学生在企业实习的内容、场地安全、工作时间等都还缺乏明确的规定；学生责任心、吃苦耐劳等品质的培养尚未有清晰的标准，这些也影响了校企合作的实际质量。

第三节 产教融合创新创业人才培养的政策环境

产教融合创新创业人才培养要取得成效，地方政府、行业企业、教育行政主管部门和高等院校要按照“国务院办公厅关于深化产教融合的若干意见”（国办发〔2017〕95号）文件精神，按照“统筹协调、共同推进，服务需求、优化结构，校企协同、合作育人”的原则，逐步提高行业企业参与办学程度，健全多元化办学体制，全面推行校企协同育人。

一、健全国家、省（市）两级产教融合法律法规体系

政府应紧紧围绕统筹推进“五位一体”总体布局和协调推进“四个全面”战略布局，在梳理已有政策的基础上加快出台和完善相关法律法规，建立健全国家、省（市）两级产教融合法律法规体系。

在国家层面，政府要高度重视行业企业参与地方本科教育的政策导向，在出台法规、条例或意见时，教育部要会同国家发改委、劳动与社会保障部、国家税务总局等涉及校企合作企业利益的部、委、局，联合出台政策，以保证产教融合政策实施的可操作性。

在省（市）层面，要“同步规划产教融合与经济社会发展，要明确产教融合发展要求，将教育优先、人才先行融入各项政策。结合实施创新驱动发展、新型城镇化、制造强国战略，统筹优化教育和产业结构，同步规划产教融合发展政策措施、支持方式、实现途径和重大项目”；要统筹地方本科教育与区域发展布局，按照国家区域发展的总体战略和主体功能区规划，优化地方本科教育布局，引导地方本科教育资源逐步向产业和人口集聚区集中；要促进高等教育融入国家创新体系建设，将地方本科教育创新创业人才培养纳入统筹规划，完善地方一流本科和一流地方本科专业建设推进机制，健全高等院校与行业骨干企业、中小微创业型企业紧密协同的创新生态系统，增强创新中心集聚人才资源、牵引产业升级能力。要及时出台支持产教融合的地方性配套政策法规，并在法规中规定省、市、区（县）人民政府在高等院校产教融合中的职能以及各级政府建立产教融合组织协调机构的方式及职能；规定各级教育行政主管部门和政府职能部门在产教融合中的职能，明确落实国家关于行业企业参与地方本科教育在财政

资助、税收减免等方面文件的精神落实政府职能部门、操作程序和责任追究制度；规定企业接收职业院校学生实习的劳动保护制度和事故责任划分原则，免除企业的后顾之忧；规定建立地方本科教育基金，支持地方本科教育发展等。通过地方性法规，使产教融合落地，拓宽企业参与途径，鼓励企业以独资、合资、合作等方式依法参与举办地方本科教育、高等教育。坚持准入条件透明化、审批范围最小化，细化标准、简化流程、优化服务，改进办学准入条件和审批环节。通过购买服务、委托管理等，支持企业参与公办职业学校办学。鼓励有条件的地区探索推进职业学校股份制、混合所有制改革，允许企业以资本、技术、管理等要素依法参与办学并享有相应权利。从根本上调动行业企业参与和支持地方本科教育办学的积极性，促进当地地方本科教育的发展。

二、落实产教融合的财税政策、建立三级产教融合专项资金

地方政府、行业企业、教育行政主管部门和高等院校要按照“国务院办公厅关于深化产教融合的若干意见”(国办发〔2017〕95 号)文件精神，“优化政府投入，完善体现职业学校、应用型高校和行业特色类专业办学特点和成本的地方本科教育、高等教育拨款机制。职业学校、高等学校科研人员依法取得的科技成果转化奖励，收入不纳入绩效工资，不纳入单位工资总额基数。各级财政、税务部门要把深化产教融合作为落实结构性减税政策，推进降成本、补短板的重要举措，落实社会力量举办教育有关财税政策，积极支持地方本科教育发展和企业参与办学。企业投资或与政府合作建设职业学校、高等学校的建设用地，按科教用地管理，符合《划拨用地目录》的，可通过划拨方式供地，鼓励企业自愿以出让、租赁方式取得土地。”

国家、省、市(区)人民政府应当设立地方本科教育产教融合发展专项资金。产教融合发展专项资金可用于：资助教师和学生创新创业项目、资助职业院校和企业联合设立地方本科教育实习实训基地、合作建设实验室或生产车间等产教融合项目等；资助职业院校为学生在实习期间统一办理意外伤害保险；对企业接纳职业院校学生实习发生的物耗能耗给予适当资助；对与职业院校合作开展职工教育和培训并取得显著成绩的企业给予奖励、表彰；对职业院校参与企业技术改造、产品研发、科技攻关和促进科技成果转化给予资助或奖励；奖励、表彰其他在促进地方本科教育校企合作中成绩显著的单位和个人。

三、搭建省、市(区)二级产教融合组织协调机构

在省、市(区)出台支持校企合作的地方性配套政策法规的基础上,强化工作协调。各省(市)级人民政府要加强组织领导,建立发展改革、教育、人力资源社会保障、财政、工业和信息化等部门密切配合,有关行业主管部门、国有资产监督管理部门积极参与的工作协调机制,加强协同联动,推进工作落实,结合本地实际制定具体实施办法。加快推进教育“放管服”改革,注重发挥市场机制,配置非基本公共教育资源,强化就业市场对人才供给的有效调节。

各级政府需要建立产教融合组织协调机构,搭建区域性地方本科教育管理平台。可通过建立省、市(区)二级人民政府地方本科教育联席会议制度,统筹协调本地区产教融合的规划、资源配置、经费保障、督导评估等工作。各级政府在建立本级地方本科教育联席会议制度时,不但需要政府出面主持,关系产教融合的政府职能部门和职业院校代表参加,特别需要行业企业的代表加入进来,将行业企业作为产教融合的主体之一,认真听取行业企业的意见,解决行业企业在产教融合中面临的困难,特别是解决国家和地方支持校企合作政策落实过程中的困难。政府及职能部门、职业院校、行业企业共同参与,才能达到统筹协调的效果。

四、发挥政府主导、企业主体、行业引领的作用

政府通过积极的财政政策,强化企业在产教融合中重要主体作用的发挥。鼓励企业以独资、合资、合作等方式依法参与举办地方本科教育、高等教育,拓宽企业参与途径。支持引导企业深度参与职业学校、高等学校教育教学改革,多种方式参与学校专业规划、教材开发、教学设计、课程设置、实习实训,促进企业需求融入人才培养环节,深化“引企入教”改革。鼓励以引企驻校、引校进企、校企一体等方式,吸引优势企业与学校共建共享生产性实训基地。支持各地依托学校建设行业或区域性实训基地,带动中小微企业参与校企合作,开展生产性实习实训。引导高校将企业生产一线实际需求作为工程技术研究选题的重要来源,完善财政科技计划管理,高校、科研机构牵头申请的应用型、工程技术研究项目,原则上应由行业企业参与并制订成果转化方案,以企业为主体推进协同创新和成果转化。创新教育培训方式,鼓励企业向职业学校、高等学校和

培训机构购买培训服务，强化企业职工在岗教育培训。鼓励区域、行业骨干企业联合职业学校、高等学校共同组建产教融合集团（联盟），带动中小企业参与，推进实体化运作。注重发挥国有企业特别是中央企业示范带头作用，支持各类企业依法参与校企合作。

与此同时，我国的行业组织是受政府委托进行行业管理的机构，行业组织具有行业资源、技术、信息等优势，同时也是高等院校毕业生的指导者，应该充分发挥行业引领地方本科教育产教融合的功能。由于行业工艺和生产组织管理的特点不同，政府对地方本科教育产教融合不能大包大揽，政府可将其中的部分职能委托给行业组织来行使。劳动行政部门和其他有关行政部门可委托行业组织，引导和鼓励本行业企业与职业院校开展产教融合，参与产教融合项目的评估、实施过程的指导，协调产教融合政策的落实；组织产教融合专项基金的申报、评估、检查和验收；行业标准制定、高等院校人才培养方案认证等方面的工作。

五、切实保障企业利益，营造产教融合的政策环境

企业作为一个独立法人，主要职能就是获取较大的经济效益。要鼓励企业在追求经济效益的同时，积极发挥社会效益，主动参与地方本科教育，根本途径是切实保障企业利益，营造产教融合的政策环境。国家和地方性产教融合优惠政策要落实到位。目前大部分企业在产教融合中的收入不能补偿成本支出，责任与利益不对称，支付给实习学生的劳动报酬与其创造的价值不相符，使产教融合不可持续。各级政府应该通过建立地方性产教融合政策法规，加大政府职能部门的执行力，将鼓励企业参与产教融合的财政资助、税收优惠等政策真正落实到位，补偿企业参与产教融合中可能出现的经济损失。

发达国家的地方本科教育法律法规完善，地方本科教育与产教融合的关系有章可循、有据可依。要通过立法规避企业参与地方本科教育存在的安全风险。有些企业还承担学生因技术不熟练而损坏机器设备或发生安全责任事故等风险；例如，有院校紧紧依托煤炭行业，但煤矿企业安全压力大，学生在煤矿井下顶岗实习不安全，一旦出现安全事故后果严重，且要承担安全罚款、矿井停产整顿和生产效益受影响等多重压力，故企业一般都不愿接收毕业生到矿实习，更谈不上顶岗实习锻炼，即使学生在煤矿企业实习下井次数也有限，岗位实

践时间少，无法满足教学要求。要加大对校企合作成效显著的行业企业政策支持力度，政府要以国家宏观政策为基础，出台具体的政策引导、扶持、规范、保障企业参与地方本科教育，建立和协调企业与学校共同培养技能人才的顺畅渠道，保证工学结合的顺利实施，以形成政府主导、社会监督、行业企业与学校紧密合作的地方本科教育新格局。

六、打造产教融合创新创业人才培养内部环境

首先，高等院校创新创业人才培养要打造创新创业人才培养保障平台。外部机制的建立能够为高等院校校企合作提供良好的外部环境，但是外因要通过内因才能发挥作用，因此高等院校产教融合内部环境建设是创新创业人才培养的重要保证。产教融合创新创业人才培养内部环境建设的关键在于高等院校积极争取政府政策支持、在提升自身实力的基础上进行好顶层设计，从创新创业人才培养的平台、机制、课程体系设计、培养方案、课程和师资队伍建设、实习基地等方面进行系统的设计。教育行为的动机和目标同企业行为的动机和目标不完全相同，在市场体制环境中建立长期的、可持续发展的产教融合关系，关键在于遵循市场经济规律，在校企“双赢”基础上搭建产教融合平台。高等院校可以通过成立地方本科教育集团、建立具有混合所有制特征的二级学院等形式搭建“多元化”产教融合平台，在平台搭建的基础上，完善平台的管理运行机制，通过制度明确学校和合作企业的权利和义务，为创新创业人才培养提供平台保障。

其次，高等院校创新创业人才培养要打造学校和企业“双主体”人才培养、校企协同育人的机制。要将创新创业人才培养融入专业人才培养方案之中，课程体系和课程建设以及课程实施要能够真正体现学校和企业“双主体”建设和“双主体”实施的特征。课程体系设计必须坚持基于工作过程的任务驱动、项目导向的设计思路；课程标准要与行业标准对接；课程内容坚持以岗位要求和工作过程的分析为基础，根据技能型人才培养目标、岗位需求、前后课程的衔接、技术领域或岗位（群）的任职要求选取内容；课程教学的实施必须体现“产教融合、工学结合”的特点，实现学校和企业“交互式”教学组织。

最后，高等院校创新创业人才培养要打造学校和企业“双主体”师资队伍保障。高等院校应该将企业兼职教师队伍建设作为学校师资队伍建设的重要组

成部分纳入长期建设规划，建立行业领军人物、技能大师、企业兼职专业带头人、企业兼职骨干教师聘用和培养制度，将企业兼职教师薪酬列入学校财务预算给予保障，并将创新创业人才培养能力作为企业兼职教师队伍建设要求。

七、营造全社会重视和支持产教融合的氛围

政府要大力向全社会公开和宣传企业参与产教融合的社会责任，地方本科教育的特征决定了办好地方本科教育是多种因素的关联和相互渗透，需要跨领域的思想融合，需要全社会的支持。企业要大力支持，与学校共同承担起培养高技能人才和高质素劳动者的社会责任。职业学院的教职工也要更新观念，要有主人翁精神，主动积极寻求校企合作机会，积极参与企业的技术改造、项目开发，积极帮助企业培训员工，帮助企业解决急需解决的技术、生产和管理难题，让企业切身感受到校企合作的好处。

第六章
高校“三深四融”新工科校企协同创新人才培养体系的构建与实践

第一节　概述

针对高校教育中存在的专业动力不足、教学科研“两张皮”、创新与专业融合不够、产教融合不够深入等问题，根据教育部“关于进一步深化本科教学改革全面提高教学质量的若干意见”文件要求，本科教育应以社会需求为导向，合理设置学科专业，密切与产业和行业的联系，加强紧缺人才培养，为产业部门提供人才和智力支持。贺州学院积极探索，结合所处的经济社会环境，从办学条件与办学现状出发，明确了“立足贺州、服务区域、面向基层、强化应用、开放合作、突出特色”的转型发展思路，面向社会需求和地方产业发展，持续深化教学改革，走校企合作、产教融合、联合创新等办学之路。2013 年通过教育部本科教学工作合格评估；2014 年加入中国应用技术大学(学院)联盟；2015 年成为广西整体转型发展试点高校；2017 年教育部首批新工科研究与实践项目承担单位；2018 年度获全区普通高校毕业生就业创业工作突出单位；2018 年入选国家众创空间；2019 年文化与传媒学院入选教育部“三全育人”综合改革试点单位；2019 年被评为自治区首批深化创新创业教育改革示范高校。

(1)人才体系，深化改革，构建高校“三深四融”新工科校企协同创新人才培养体系(图 6-1)。

(2)学科与专业、教学与科研融合，建立学科与专业交叉、动态融合机制。

(3)双创融合，将专业教育模式作为新工科人才培养的基本出发点和立足点，构建“三深四融”新工科校企协同创新人才培养模式。

(4)产教融合，以八个共同为核心，实施“211 产教一体”，构建“三深四融”新

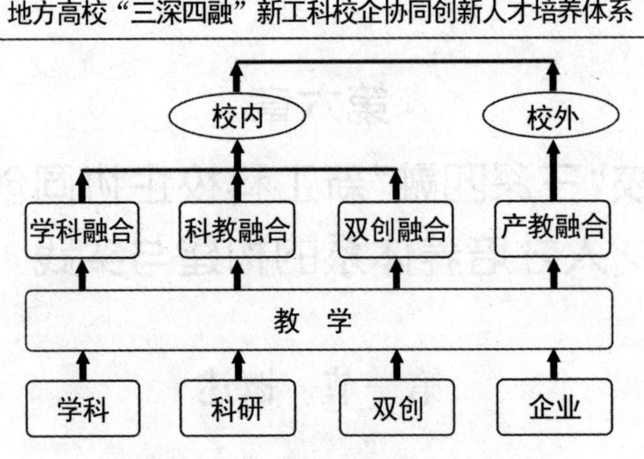

图 6-1 “三深四融”整体流程框图

工科校企协同创新人才培养路径。

通过对专业人才培养过程中关键要素的系统研究与优化设计，结合“三深四融”与七大行业学院创建了以“211 产教一体”培养模式为基础，“八个共同”为核心，校企师资管理为条件，创新基地为平台，日常教学管理为手段，人才培养质量监控评价与行业反馈为检验的高校人才培养体系；紧紧抓住高校人才培养与服务地方两个关键使命，积极调整专业结构，专业设置立足于地方区域经济，专业办学扎根于产业应用，深化校企合作并创建行业学院，依托产业学院形成“211 产教一体”的人才培养模式；借鉴产出导向（OBE）、学生为中心、持续改进三大理念，持续提升人才培养内涵，着力在 OBE 理念、产业学院、CDIO 模式三个层面进行改革，形成能力培养闭环，灵活运用于高校应用型转型改革的实践。❶

高校“三深四融”校企协同创新培养体系是结合五大专业群、六大平台、七个行业学院推进教学改革，在 30 项区级以上教改项目持续支持下，根据 92 家企业调研结果，将 400 所高校的对应专业对比，经过 2 年研究与 4 轮实践，在高校新工科校企协同创新人才培养体系建设方面取得的成果，在校内成功实践、国内广泛推广，并得到来校考察的 400 多所高校领导和专家的认可与好评。

❶刘书瀚，白玲．校企合作应用型人才培养模式理论与实践[M]. 天津：南开大学出版社，2014.

第二节　研究的目的和意义

根据“教育部关于进一步深化本科教学改革全面提高教学质量的若干意见”(教育部高教司〔2007〕2 号)要求,本科教育应以社会需求为导向,合理设置学科专业;密切与产业和行业的联系,加强紧缺人才培养。但本科高校由于办学时间短、办学定位不准确、师资缺乏、就业途径单一等原因,办学缺乏特色和社会针对性,人才培养模式与市场需求存在一定的差距,毕业生就业率和就业质量明显下降,社会出现了用人单位“无人可用”,而广大毕业生“无业可就”的尴尬现象。在就业竞争日趋激烈的新形势下,高校办学明显处于劣势,难以满足国家信息化建设和 IT 行业发展需要。特别是人才培养模式问题,成了制约高校发展的重点、关键问题。因此,高校人才培养模式研究比较具有研究价值和现实意义。研究成果推进了高校的发展和建设工作,对搞好地方应用型本科高校的学科教学,建立科学实用的课程体系结构,促进教学改革与科学研究的协调发展,服务地方区域信息化建设,在相关学科教学中加强素质教育,培养具有创新精神和实践能力的高素质应用型、创新型人才具有重要作用。

第三节　主要解决的教学问题

(1)创新与专业整合不够。学校发展定位及内涵与国家经济发展战略及产业发展需求不相适应。不能及时面向经济主战场,融入经济产业发展的核心需求与前沿地带,服务于新兴产业发展与传统产业转型升级。

(2)产教融合不够。校企互动机制不能适应新工科背景下的人才培养与协同创新需求。产业与高校之间共同创新、协同育人的生态系统尚未形成。

(3)教学科研“两张皮”。培养机制不能有效支撑新工科校企协同创新人才培养目标的达成。产出导向的课程教学体系与教学模式有待继续改进,校企协同育人、多学科协同育人、科研反哺教学,以及融入专业教育的创新创业教育等机制有待进一步强化或完善。

(4)专业动力不足。人才培养体系与产业发展不相适应。对产业发展和重大变化的敏感度不够,不能及时有效捕捉与研判产业发展的新趋势、新特征与新需求，专业设置及人才培养产出与新产业发展及人才需求之间的结构性矛盾明显。

(5)学科与科研融合不够。学科建设与科研活动不能有效对接产业需求并反哺到人才培养。学科建设与产业发展重大战略领域或方向脱节，对接产业前沿的新兴学科建设或现有学科的交叉与融合滞后。

(6)学校治理体系不能适应新工科体系建设的需要。依托传统学科划分所设置的二级学院，边界意识过浓，难以适应跨学科与学院的资源共享、智力协同与人才培养，以高校为经济社会发展服务的能力、为行业企业技术进步服务的能力、为学习者创造价值的能力为核心依据的评价体系尚未真正形成。

第四节　解决教学问题的方法

一、深度转型，精准定位

构建高校“三深四融”新工科校企协同创新人才培养体系，面向新工科人才培养，依托“四个融合”，通过与中兴通讯、甲骨文、凤凰教育、新道科技、广东宝贤集团、思科网络、贺州生态产业园等企业开展校企合作，不断地深化改革、深入创新、深度转型，按照“八个共同”(即共同制定培养标准、共同完善培养方案、共同构建课程体系、共同开发教材讲义、共同组建教学团队、共同建设实训实习基地、共同实施培养过程、共同评价培养质量)推进创新创业教育，逆推整个人才培养过程，再反馈糅合到人才培养体系中，形成一个半闭环系统，如图 6-2、图 6-3 所示。

“211 产教一体”应用型人才培养模式，即用 2 年时间，夯实学生的专业基础理论，达成学生通用素质要求；用 1 年时间通过面向产业的应用型课程设置和技术培训，实现从学生到工程技术应用人才的初步转化；再用 1 年让学生在产业中历练。

借鉴产出导向(OBE)、以学生为中心、持续改进三大理念，持续提升人才培养内涵，着力在 OBE 理念、产业学院、构思—设计—实现—运作(CDIO)模式三个层面进行改革，形成能力培养闭环，灵活运用于高校应用型转型改革的实践。

二、深化改革，精确评价

构建学科、科研、教学深度融合机制，大力推行结合专业特点设置的创新创

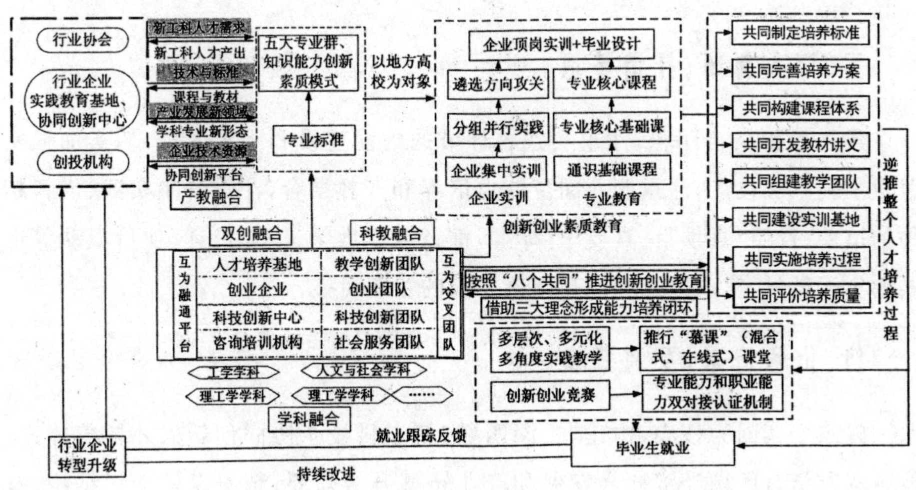

图 6-2　高校“三深四融”总体框图

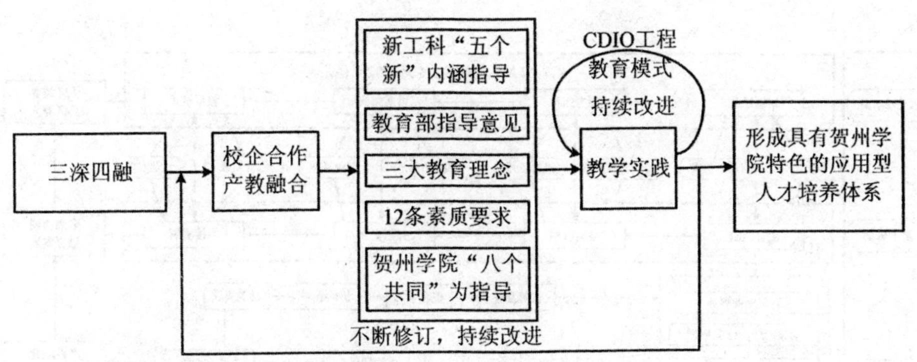

图 6-3　高校“三深四融”新工科校企协同创新人才培养框架

业教育课程体系，推行“慕课”（混合式、在线式等）等先进教育技术在教学中的应用，大力推广真实案例、项目教学和任务驱动教学，鼓励有条件的专业课程推行场景化课堂教学，提高教学实效；稳步推进专业教育与创新创业教育的融合，丰富职业能力教育课程体系。

开展以创新为驱动的高品质创业，以促进产教融合、科教融合、学科融合、双创融合，坚持以新工科人才培养为基本出发点和立足点，以新工科人才培养需求为导向，以面向新产业的科技创新需求为驱动，实施按需交叉、动态融合；以培养目标为引领，建立多学科对专业的支撑，建立跨学科的创新创业团队或平台。

三、深入创新，打造基地

建立专创结合路径，注重实践各环节的内涵建设和水平考核；切实加强实践教学技术和技能，注重职业岗位能力培养和产教结合，注重学生实践、创新精神的培养；按照“真项目、真要求”标准，推行合作教学、毕业设计、项目驱动等形式的实践教学，实现技能训练与岗位要求的相互对接。

四、价值追求，互利双赢

以八个共同为核心，构建“三深四融”新工科校企协同创新人才培养体系。校企双方结合区域经济社会发展和产业转型升级需要，精心设计知识结构、技术能力与教学实践深度结合的人才培养课程体系，形成“四元四制五对接”协同创新人才培养（图 6-4）。

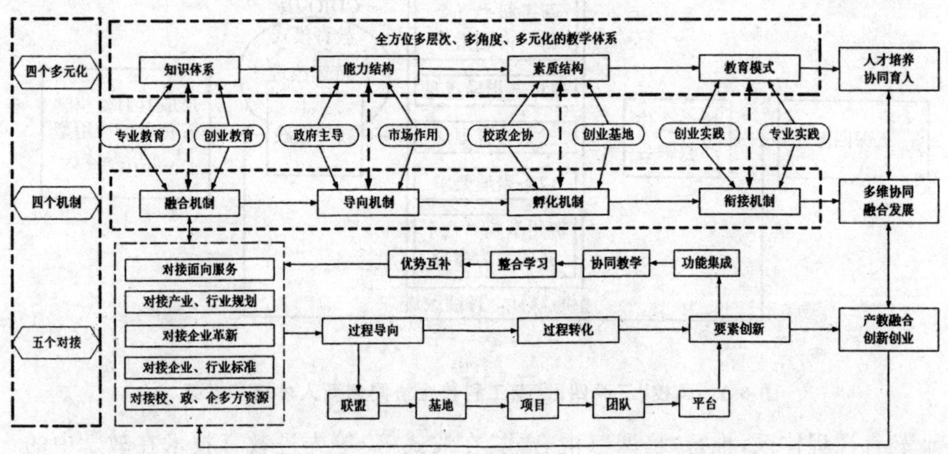

图 6-4 “四元四制五对接”协同创新人才培养框图

第五节 基本思路

目前我国本科高校在发展中，普遍存在千校一面、特色不明、人才培养不适应地方经济社会发展需要的问题。从这些问题出发，通过访谈和问卷调查，了解我国本科高校应用型人才培养的现状及存在的问题。最后根据高等教育发展的规律及人才培养的理论，并在借鉴国外发达国家经验的基础上，提出对本科高校应用型人才培养的建议和策略。

面向新工科人才培养，依托“四个融合”，通过中兴通讯信息学院、甲骨文(广西)OAEC人才产业基地贺州学院中心、凤凰数字媒体学院、餐饮管理学院等校企合作平台，不断深化改革、深入创新、深度转型，依托校企合作，让企业参与人才培养全过程，按“八个共同”推进教学改革，把创新创业教育融入人才培养全过程，不断提升专业内涵建设，实施卓越工程师等人才培养模式的改革，同时广泛开展课程置换、学分转换、弹性学制改革，实施全程导师制培养等，深化人才培养模式的改革。逐渐形成以需求为导向的应用型人才培养为中心，以校政企合作、产教研融合为途径，协同创新、协同育人，以开放带动转型，以转型带动发展，以发展带动创新，以创新带动创业的人才培养新模式。

本节主要按照文献研究—理论分析—比较研究—实证研究(问题分析)—实施对策—归纳总结的思路展开，从“研究现状和企业调研分析”到“人才培养方案的制订”，进一步“构建创新创业素质教育”。

为了进一步推进产教融合双创人才培养机制，推进制度层面的顶层设计，探索行业协会指导机制，推动科技价值与产业价值融合，促进校园文化与企业文化的融合，建立产教融合、校企合作联系机制，首先要实现五个对接：对接面向服务，加快内涵建设，顶层设计产教融合人才培养模式，开展模块化专业试点，推进专业认证和新工科建设工作；对接产业、行业规划，以特色专业为重点，建立服务地方发展的专业体系，调整优化专业结构，构建对接区域产业链的专业体系，打造特色学科专业群；对接企业革新，创新协同育人实践教学平台，深化合作内容，加强行业、企业参与实践教学，强化学生实习实践、创新创业能力培养；对接企业(行业)标准，建设“双师双能型”师资队伍，打造应用型教学研究平台；对接校、政、企多方资源，多方举措，健全产教融合的体制机制。

根据产教融合的机制，构建高校创业教育四个机制：政府主导与市场作用相结合，构建推进创业教育的导向机制；专业教育和创业教育相结合，构建专业教育与创业教育课程融合机制；创业实践与专业实践相结合，建立创业实践教学与专业实践教学有效衔接机制；校政企协作加强创业基地建设，构建大学生创业孵化机制。

实施产教融合创新创业人才培养模式应重构四个多元化。知识体系多元化，融合专业教育与创新创业教育；能力结构多元化，创新创业教育理论教学模式；素质结构多元化，创新校企协同教育模式；教育模式多元化，“政、产、学、研、市”多元一体的众创教育实践模式。

第六节　研究的主要内容

为了推进高等教育结构性调整，加快发展现代地方本科教育，促进我国高等教育走内涵式发展道路，国家先后颁布了“国务院关于加快发展现代地方本科教育的决定”和“现代地方本科教育体系建设规划（2014—2020年）”，明确提出“引导一批普通本科高校向应用技术型高校转型”的决定。在全国高校转型发展的背景下，为了深化广西高等教育的综合改革，引导区内高校从外延式扩张转换为内涵式发展，广西壮族自治区政府在2015年颁布了“广西壮族自治区人民政府关于深化高等教育综合改革的意见”，明确了广西高等教育综合改革的总体要求、关键环节和指导思想。本科高校应以课程体系建设为龙头，以师资队伍建设为关键，以提升教学、科研水平为重点，以创新创业为动力，加强教学条件建设，把握学科前沿及发展趋势，提高人才培养质量。

贺州学院在“广西壮族自治区人民政府关于深化高等教育综合改革的意见”的指导下，根据自身发展定位和转型发展阶段，把2016年定为学校全面深化产教融合、全面提升应用型人才质量的“教学内涵建设年”。并依托与中兴通讯合作共建中兴通讯信息学院、与广西海文信息技术有限公司共建甲骨文（广西）OAEC人才产业基地贺州学院中心等校企合作平台，以专业为试点，以提高应用型人才培养质量为目的，制订了“贺州学院关于深化产教融合推进专业综合改革试点工作方案”。方案提出校企合作“八个共同”实施要求，即共同制订培养标准、共同完善培养方案、共同构建课程体系、共同开发教材讲义、共同组建教学团队、共同建设实训基地、共同实施培养过程和共同评价培养质量。

一、贺州学院校企合作平台建设

贺州学院主要依托的校企合作、产教融合平台有甲骨文（广西）OAEC人才产业基地贺州学院中心、中兴通讯信息学院。2015年，学校积极响应教育部关于加强培养多层次、实用型、复合型软件人才的指示精神，推进专业建设、课程体系、教材建设、工程实践、管理体制等方面的探索与创新，依托企业基地的技术及教育领域方面的优势，对贺州学院、贺州市及贺州周边区域提供联合办学、技术培训、技术研发等方面的服务。

贺州学院以中兴通讯、新道科技、凤凰教育、甲骨文公司、宝贤集团等作为校企合作平台，开展课程、实验室、学生实习实训等方面的专业共建工作。以此为契机，软件工程专业进一步完善人才培养方案，突出实践教学环节，构建以能力为核心的应用型人才培养体系；以课程内容转型为核心，加强应用技术类教材建设，构建符合应用技术人才培养需求的新课程体系；进一步推动教育教学改革，不断加强对人才创新实践能力和职业素养的培养。另外，还提供师资培训、学生就业服务、大学生创新创业教育，以及职业技能认证等方面的服务。

贺州学院以适应社会需求为目标，以培养技术应用能力为主线，打破传统课程内容的局限和课程间的壁垒，更新教学内容，优化整合课程体系，加强师资队伍、教材和实验室建设，努力使课程设置突出技术应用能力，使课程内容体现最新技术，使教学方法和手段体现现代化教学技术，使学生能力符合社会职业岗位最新要求。

通过合作，将企业领先的技术及企业知识资源前移到学校专业教学体系，从课程开发、专业共建、学院共办等不同方面开展联合办学，携手培养 IT 行业人才；同时进行师资培养以及应用科研合作，校企的资源深度融合，使学校在满足人才培养的基础定位上，成为企业成为某些行业信息化应用领域的应用开发合作伙伴，本地化工程的交付及运营维护合作伙伴，校企双方在各自的业务发展上相互促进，共同发展，形成"企业主导、师生参与、校内实施、市场应用"的产学研合作新模式。

二、贺州学院校企合作的实践探索

以中兴通讯、新道科技、凤凰教育、甲骨文公司、宝贤集团为校企合作平台，贺州学院在"贺州学院关于深化产教融合推进专业综合改革试点工作方案"的"八个共同"理念指导下，展开了一系列的实践和探索。

1. 共同制定培养标准

根据专业链与产业链、人才链与产业链对接的要求，与甲骨文公司、中兴通讯、凤凰教育、华为信息科技按行业对人才的要求共同制定 2016 级专业的人才培养标准。让企业工程师参与到人才培养标准制订过程，确保贺州学院专业人才培养目标与当前IT行业对人才的能力需求相一致。

贺州学院的专业主要面向贺州市及西江—珠江经济带，大部分学生的就业区域是广州、深圳和南宁。为了保证专业人才培养规格与区域经济发展和软件人才需求相适应，学院每年暑期定期到贺州市周边和西江—珠江经济带展开人才需求大调研，除此以外，还不定期组织教师进行专业建设调研。依托甲骨文公司、中兴通讯、思科网络等合作企业，贺州学院获得了动态跟踪区域经济发展和计算机人才需求的途径，消除了以前关门办学的弊病。

2. 共同完善培养方案

通过定期和不定期积极开展社会调研的方式，贺州学院保证了人才培养的准确定位，同时把调研的成果及时落实到培养方案中，进行完善和调整。依托中兴通讯、新道科技、凤凰教育、甲骨文公司、广东宝贤集团，以及历次专业调研，学院逐步意识到以前专业建设在课程体系上存在的问题。一是过于强调理论体系的系统性和完整性，忽视产业链。二是专业课程松散，专业深度不够，学生所具备的专业能力无法和毕业后的职业要求相衔接。

针对这些问题，在产业工程师的全程参与下，贺州学院以专业链对接产业链的思想为指导，重新调整了原有专业的培养方案。

3. 共同构建课程体系

大胆调整课程结构，把企业（行业）最新需求纳入课程体系；核心课程中引入项目课程、案例课程，有条件的专业采取课程置换等方式，与企业共同构建课程体系。

4. 共同开发教材讲义

每个试点专业要与合作企业共同开发两种以上教材，直接引进企业案例、项目、培训等教材（讲义），编印与企业（行业）发展同步的四种以上课程讲义。

5. 共同组建教学团队

每个试点专业与合作企业（行业）共同组建教学团队，聘请至少五名企业（行业）教师或同行教授任课或指导实践，担任大学生创新创业项目导师。“双师型”教师（含兼职教师）要占专任教师比例的50%，每个专业选拔至少一名教师作为行业公认的学科专业带头人候选人，重点培养。

6. 共同建设实训基地

试点专业要根据应用型人才培养需要，充分利用中兴通讯、甲骨文公司、思科网络等企业，在学校合作平台基础上，制订具操作性的校企合作实施方案，共同建设校内校外实训基地。

7. 共同实施培养过程

建立制度完备、运行良好的理事会或专业指导委员会，成员来自合作企业(行业)，用人单位比例要在50%以上。每年至少安排两门课程(含实践课)由企业(行业)工程师、专家任课，进行1～2项案例教学、项目教学，承担大学生创新创业项目指导教师。

8. 共同评价培养质量

要坚持德才兼备、以德为先的原则，共同制订人才培养质量评价标准和体系。深化学分制改革和课程考核方式的改革，强化实践型课程，提高复合型、创新型技术人才的培养课程比重，把大学生创新创业能力作为学生学业成绩的重要指标。

三、建立科学管理机制

建立贺州学院、创新实训基地、专业指导委员会，成员中来自企业的比例不低于50%。扩大二级院系自主权，探索建立二级学院专业指导委员会，明确二级学院根据产业链的发展方向、企业(行业)合作伙伴的要求设置专业课程、制订人才培养方案、聘用兼职教师的职权。

1. 共同进行专业设计

由企业根据行业人力资源需求，结合企业(行业)信息化应用解决方案，并依据国家教学规范要求和贺州学院发展特色，制订“贺州学院—行业学院”的人才培养特色方案及专业授课计划。专业设计需每年更新，并通过学校的统一审定。

2. 共同开展专业教学

企业承担除公共课程、专业基础课程之外的专业方向核心课程教学、职业素质课程教学、课程实践。双方共同承担毕业设计工作。

3. 共同专业管理

在学校的统一管理统筹下，企业承担“创新基地”的专业教研室管理，并开展专业运营的企业化管理模式创新与实践。

4. 共同进行学生职业管理

企业承担“贺州学院—行业学院”全体学生的职业素质体系建设与教学、职业辅导、就业支持等工作，并将学生日常管理丰富为职业管理。

5. 建立专业教育与职业资格的对接认证机制

企业直接参与课程设计、评价，积极推行基于实际应用的案例教学、项目教学和现实技术应用，专业课程运用真实任务、真实案例教学的覆盖率要达到100％，主干专业课程用人单位的参与率达到100％。

四、共建师资队伍和科研团队

在校企合作过程中共建师资队伍。师资队伍培养方式包括以下几种。

1. 集中培训

利用“贺州学院—行业学院”的技术培训资源，企业为学校教师制订持续的知识更新计划，包括课程课件的更新，并结合行业发展趋势，对相关课程内容进行补充与替换；对教师进行再培训，保证教师的知识体系结构和行业最新的技术发展同步。

2. 进行行业项目顶岗培训

开放行业信息化项目资源，让高校师资与企业应用科研人员一起参与应用科研开发，并参与到工程交付环节，以实际的岗位和工作进行定岗培训。由企业派驻企业工程师与学校共同组成“双师型师”资团队，共同培养合作专业的学生。

3. 科研团队建设

基地科研团队由企业的应用人员和学校具有专业技术背景的师资共同组成。科研团队在基地中承担双重角色，第一重角色是“双师型”师资，负责相关专业的课程建设和学生培养；第二重角色是科研人员，按照企业化的项目管理要求，完成应用科研项目。

4. 共建科研平台及进行环境建设

加强科研合作，加快成果转化。在合作初期，双方共同成立研究中心进行科研项目开发交付。由企业的科研人员引导学校老师进行高效的科研开发，培养和锻炼高校师资的科研能力。

5. 提升专业服务社会能力

双方利用创新基地，共同面向华南地区企业、政府和事业单位开展“四技”服务，即技术开发、技术转让、技术咨询、技术服务及市场推广。将企业领先技术资源和企业大学的定制服务作为后台资源开发池，在实现学历教育人才培养的同时，面向区域开放，打造没有“围墙”的全民地方本科教育平台，共建 IT 行业，实现学校面向区域产业的综合发展。

第七节　创新与推广

一、创新

1. 教育理念创新

提出了“三深四融”的教育理念，以政策为指引的教育理念，依托产教融合、科教融合、学科融合、双创融合，不断地深化改革、深入创新、深度转型，树立新工科校企协同创新人才培养理念，应用于实践教学。

2. 培养模式创新

提出了以项目驱动，结合五大专业群、六大平台、七个行业学院，按照“八个共同”为核心的培养模式，建立了“211 产教一体”应用型人才培养模式，具有广泛的借鉴和指导意义。

3. 运作机制创新

提出了以问题为导向，“四元四制五对接”的运行机制，借助三大理念，形成能力培养闭环，为推进教育改革和加强实践探索了新的发展途径。

借鉴产出导向(OBE)、学生为中心、持续改进三大理念，持续提升人才培养内涵，着力在 OBE 理念、产业学院、CDIO 模式三个层面进行改革，形成能力培养闭环，灵活运用于高校应用型转型改革的实践。

(1)借助 OBE 理念，形成应用型人才培养闭环(图 6-5)。学校专业人才培养模式中将 OBE 理念贯穿于人才培养的 4 个关键环节：①培养目标和毕业要求的制订；②以 OBE 理念科学构建课程体系；③人才培养方案实施；④依托产业学院，借鉴专业认证理念，实施“211 产教一体”应用型人才培养模式。目标达成度评价与反馈：在学院教学质量监控先行体制下，以 OBE 理念的要求在课程层面进行达成度评价。

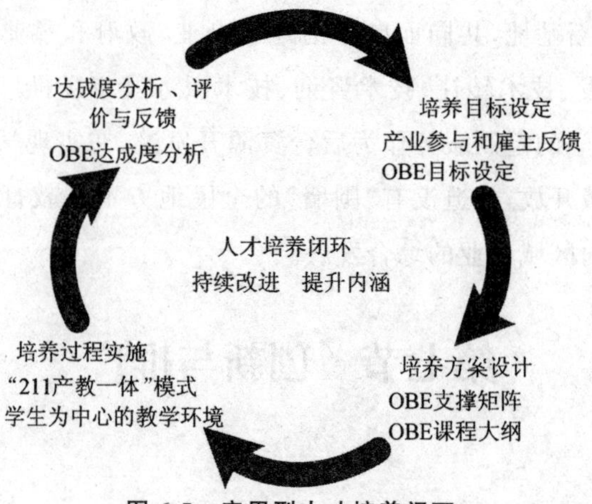

图 6-5　应用型人才培养闭环

(2)借助行业学院,形成职业岗位能力培养闭环(图 6-6)。行业学院为专业搭建了真实项目的平台,形成了项目人才招聘、培训培养、项目实操实作、项目考核评价的工作场景的环路,从而形成职业岗位能力培养的闭环。

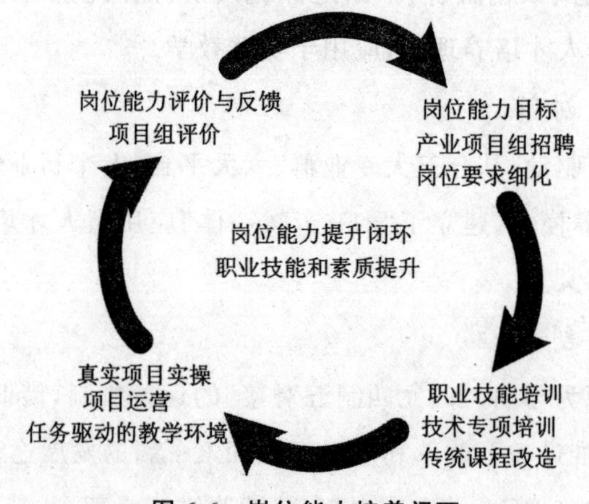

图 6-6　岗位能力培养闭环

(3)项目驱动教学,借鉴 CDIO 模式构建项目能力培养闭环(图 6-7)。在课程层面,学校在项目驱动的 CDIO 工程教育模式改革,在第六学期,以完整的教学项目整合相关课程,形成项目能力培养的闭环,锻炼学生参与复杂工程问题的能力。

(4)评价方法创新:提出了以育人成果为导向,刚性评价和模糊评价方法,创建了“贺州学院、企业创新基地、专业指导委员会”三位一体的全方位、立体化人才培养质量监控、评价与反馈体系,具有明显的创新和使用价值。

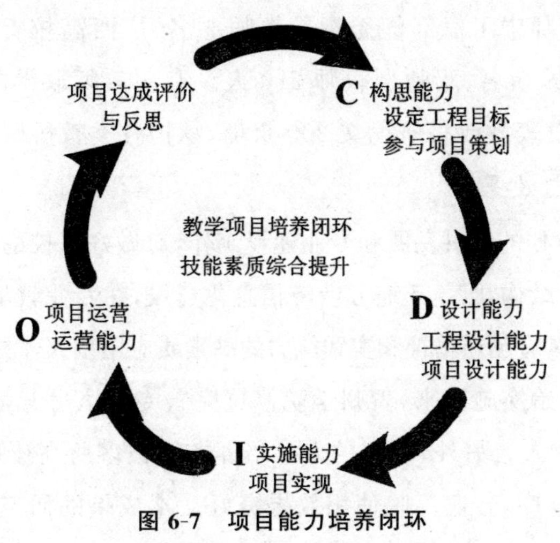

图 6-7　项目能力培养闭环

二、推广

1. 校内实践效果

贺州学院是教育部新工科研究和实践项目承担高校、教育部与中兴通讯ICT产教融合创新基地项目首批合作高校之一、中国应用技术大学(学院)联盟成员、广西硕士学位授予单位立项建设单位、广西整体转型发展试点高校。学校进入中国高等教育学会发布的《中国高校创新人才培养暨学科竞赛评估》全国本科高校300强，进入中国综合实力最强的549所大学，位列第473位，第三方机构软科发布的2018“中国最好大学排名”600强。学校拥有食品科学与工程、土木工程、通信工程、广播电视编导、旅游管理5个广西本科高校特色专业。学校众创空间为国家备案众创空间。学校进入高校团学创业教育工作指数华南区30强。学校获自治区级教学成果奖特等奖1项(合作)、一等奖3项、二等奖3项、三等奖14项，荣获省级创新创业教育教学成果一等奖1项、二等奖1项、三等奖3项，学生获得包括中国“互联网＋”创新创业大赛1银5铜、“挑战杯”中国大学生创业计划竞赛一等奖、“蓝桥杯”全国软件专业人才设计与创业大赛一等奖、全国大学生电子设计竞赛一等奖、全国大学生广告艺术大赛一等奖在内的国家级奖项300余项。专业招生就业“两旺”，2018年招生人数超过5 000人；毕业生受到企业普遍欢迎，就业率达到95％。专业对口实习专业和就业率比往届明显提高，特别是这两年学生毕业设计题目与专业和行业接轨，论文质量明显提高。吴郭泉校长获2017—2018中国产教融合创新发展杰出人物荣誉称号，专业教师中工信部优秀指导教师 5 名、广西高校青年教师业务能力提升计划优秀学员 5 名、双师型教师 220 人。专业教师取得国家专利 102 项，出版教材 27 本，发表教改科研论文 200 余篇，承担各类教科研项目近 180 项。

2. 校外推广效果

成果推进了学校的学科发展和专业建设工作，对做好高校的专业教学，建立科学实用的课程体系结构，服务于地方经济信息化建设，在专业教学中加强专业素质与创新教育，培养具有创新精神和实践能力的高素质应用型人才具有重要意义。

从 2015 年开始实施以来，贺州学院修订完善专业人才培养方案，预期每届受益学生约 4 000 人。另外，制定的人才培养方案被多所高校采用，并应邀在几十多所高校交流推广，普遍反映使用效果良好。本成果的研究对其他同类高校具有参考借鉴价值。同时，成果的实施提高了专业的教学质量和毕业生的综合竞争力，在校内成功实践、国内广泛推广。2018 年 5 月 23 日，梁丁丁书记参加“产教融合·新工科背景下智能制造专业群建设与创新发展研讨会”并进行主题演讲。2018 年 11 月 30 日，吴郭泉校长在广西本科教学工作大会上进行“产教科教融合促转型，协同育人协同创新提质量”经验发言。吴郭泉校长荣获第四届产教融合发展战略国际论坛“学院改革创新奖”。

3. 社会影响效果

2016 年 12 月 29 日，由广西壮族自治区教育厅、广西日报传媒集团共同主办，广西新闻网承办的“创新创业展活力高校青春风采行——2016 年广西教育网络行”新闻采访团走进贺州学院报道，来自光明网、中新网、中国日报网、中国网、腾讯网、凤凰网、新浪网等全国近 30 家网络媒体的记者对贺州学院产教融合、大学生创新创业和创新成果进行了深入采访，成果也得到了《中国教育报》《光明日报》《广西日报》《贺州日报》以及凤凰传媒等 30 多家新闻媒体的专题报道，先后有 400 多所省内外高校和单位前来考察学习，一些高校借鉴或采用贺州学院的教学新思路。

贺州学院通过对新工科校企协同创新人才培养体系的建设与实践，促进理论与实践教学结合，优化教学过程，提高教学质量和效率，将校企合作、产教整合作为应用型人才培养的主要手段和途径，应用到学校教育教学中，为创建学校特色，提高办学水平，适应高校教育改革与发展的需要做出贡献。本书成果能有效地促进新工科教学，对高校应用型人才培养具有重大推广和应用价值。

第七章
新工科专业人才培养质量管理基础

第一节　新工科专业人才培养质量管理原则

一、以顾客为关注焦点

（一）目的

满足顾客（包括学生、用人单位及其他相关方）要求且努力超越顾客期望是质量管理的主要关注点。

（二）意义

新工科高等学校只有赢得和保持顾客和其他相关方的信任才能获得持续成功。与顾客相互作用的每个方面，都提供了为顾客创造更多价值的机会。了解顾客和其他相关方当前和未来的需求，才能有助于新工科高等学校的持续成功。

（三）作用

以顾客为关注点可能的获益是：提升顾客价值；提高顾客满意度；增进顾客忠诚度；增加重复性业务；提高组织的声誉；拓展顾客群；增加收入和市场份额。

（四）相关活动

可开展的活动包括：辨识从新工科高等学校获得价值的直接和间接顾客；了解顾客当前和未来的需求和期望；将新工科高等学校的目标与顾客的需求和期望联系起来；在整个新工科高等学校内沟通顾客的需求和期望；为满足顾客的需求和期望，对产品和服务进行策划、设计、开发、生产、交付和支持；测量和监视顾客满意情况，并采取适当的措施；在有可能影响到顾客满意的相关方的需求和适宜的期望方面，确定并采取措施；积极管理与顾客的关系，以实现持续成功。

二、领导作用

(一)目的

各级领导建立统一的目标、使命和愿景,并且创造全员积极参与的条件,以实现新工科高等学校的质量目标。

(二)意义

统一的目标、使命和愿景的建立,以及全员的积极参与,能够使新工科高等学校将战略、方针、过程和资源保持一致,实现目标。

(三)作用

提高实现新工科高等学校质量目标的有效性和效率;新工科高等学校的质量管理过程更加协调;改善高等学校各层级、各职能间的沟通;开发和提高新工科高等学校及其教职工的能力,以获得期望的结果。

(四)相关活动

可开展的活动包括:在整个新工科高等学校内,就其目标、使命、愿景、战略、方针和过程进行沟通;新工科高等学校的所有层级创建并保持共同的价值观、公平和道德的行为模式;培育诚信和正直的文化;鼓励在整个新工科高等学校范围内履行对质量的承诺;确保各级领导者成为教职工的楷模;为教职工提供履行职责所需的资源、培训和权限;激发教职工的工作热情,并鼓励和表彰教职工的贡献。

三、全员参与

(一)目的

新工科高等学校内教职工的胜任、被授权和积极参与,是提高新工科高等学校创造和提高价值能力的必要条件。

(二)意义

为了有效和高效地管理新工科高等学校,教职工得到尊重并参与其中是极其重要的。通过表彰、授权和提高能力,促进在实现新工科高等学校的质量目标过程中的全员积极参与。

(三)作用

通过新工科高等学校教职工对质量目标的深入理解和其内在动力的激发，以实现质量目标；在改进活动中，提高教职工的参与程度；促进个人发展，提高个人的主动性和创造力；提高教职工的满意度；增强整个新工科高等学校内的相互信任和协作；促进整个新工科高等学校成员对共同价值观和文化的关注。

(四)相关活动

可开展的活动包括：与教职工沟通，以增进他们对个人贡献的重要性的认识；促进整个新工科高等学校内部的协作；提倡公开讨论，以分享知识和经验；授权教职工确定工作中的制约因素并积极主动参与；赞赏和表彰教职工的贡献、钻研精神和进步；针对个人目标进行绩效的自我评价；进行调查，以评估教职工的满意度和沟通结果，并采取适当的措施。

四、过程方法

(一)目的

将活动作为相互关联、功能连贯的过程系统来理解和管理时，新工科高等学校可更加有效和高效地得到一致的、可预知的结果。

(二)意义

质量管理体系是由相互关联的过程组成的。理解体系是如何产生结果的，能够使新工科高等学校尽可能地完善其体系和绩效。

过程方法使组织(包括新工科高等学校)能够对其质量管理体系的过程之间相互关联和相互依赖的关系进行有效控制，以提高组织整体绩效。过程方法按照组织的质量方针和战略方向，对各过程及其相互作用进行系统的规定和管理，从而实现预期结果。可通过采用 PDCA [plan(策划)，do(实施)，check(检查)，act(处理)]循环以及始终基于风险的思维对过程和整个质量管理体系进行管理，旨在有效利用机遇并防止发生不良结果。

单一过程的各要素及其相互作用如图 7-1 所示。每个过程均有特定的监视和测量检查点以用于控制，这些检查点根据有关风险的不同有所不同。

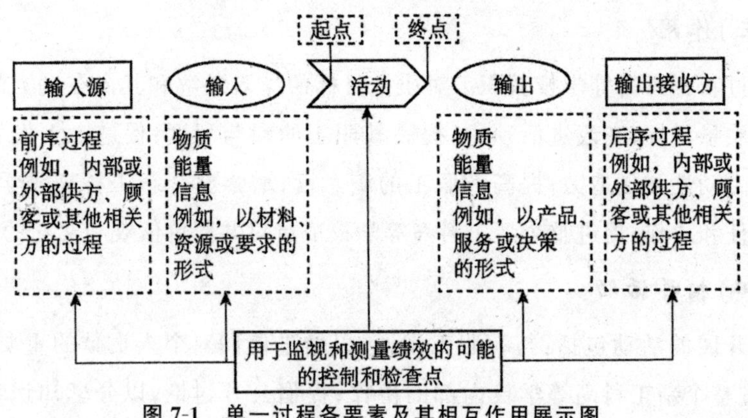

图 7-1 单一过程各要素及其相互作用展示图

（三）作用

采用合适的作用和方法可能的获益是：提高关注关键过程和改进机会的能力；通过协调一致的过程体系，始终得到预期的结果；通过过程的有效管理，资源的高效利用及跨职能壁垒的减少，尽可能提升其绩效；使新工科高等学校能够向相关方提供关于其一致性、有效性和效率方面的信任。

（四）相关活动

可开展的活动包括：确定质量管理体系的目标和实现这些目标所需的过程；为管理过程确定职责、权限和义务；了解新工科高等学校的能力，预先确定资源约束条件；确定过程相互依赖的关系，分析个别过程的变更对整个质量管理体系的影响；对质量管理体系的过程及其相互关系进行管理，有效和高效地实现新工科高等学校的质量目标；确保可获得过程运行和改进的必要信息，并监视、分析和评价整个质量管理体系的绩效；避免或消除能影响过程输出和质量管理体系整个结果的风险。

（五）PDCA 循环及其作用

PDCA 循环就是按照 P—D—C—A 四个阶段的顺序构成一环，且持续运转 PDCA 循环的质量管理模式。

P 即 plan，有策划之意，是指组织根据顾客的要求和组织的方针，建立质量管理体系的目标及其过程，确定实现结果所需的资源，并识别和应对风险与机遇，通常需要以下四个步骤完成。

(1)找出存在的质量问题。

(2)找出发生质量问题的原因。

(3)找出影响质量的主要原因。

(4)研究对策措施,制订对策计划表。

对策计划表(即解决质量问题的任务书)的制订是PDCA循环中非常关键的一个环节,是针对影响质量的主要原因而制订的,通常包括下列六项内容。

(1)why(为什么做),说明原因。

(2)where(在哪里做),说明地点、现状。

(3)what(做到什么程度),说明达到的标准。

(4)who(谁来做),说明对策计划表的负责人。

(5)when(何时完成),说明执行对策计划表的进度和安排。

(6)how(怎样做),说明对策计划表的内容。

D即do,有实施之意,是指组织执行所做的策划。实施过程中要认真做好并保持记录,严格执行有关程序文件和严肃纪律,照章(标准)办事。

C即check,有检查之意,是指组织根据方针、目标、要求和所策划的活动对过程以及形成的产品和服务进行监视和测量(适用时),并报告结果,判断质量状况是否有所改善。

A即act,有处置或处理之意,必要时,组织应采取措施提高绩效,一般分两个步骤完成。

(1)总结成功经验,分析失败教训,并将其纳入有关标准、规定或制度中。

(2)根据遗留问题或新出现的问题,提出下一个循环目标。

一个质量问题往往要经过多次循环才能解决,因此,找出遗留问题后,又要从第一个步骤开始下一个循环。

PDCA循环的三个特点如下。

(1)四个阶段相互依存、相互影响,构成了完整的有机体系,一个阶段都不能少。仅有计划而不实施,计划便成了一纸空文;实施了计划而不进行检查,不知道做得好还是坏,等于没做;检查了效果,但又缺少处置,成功的经验没有总结,失败的教训不去分析,成果就无法巩固,管理水平和质量水平就不能得到提高。

(2)大环套着小环协同运转(图7-2)。整个组织(指新工科高等学校)的循环即大环,而院校级职能部门都是中环,系、科室、班组等都是小环。大环带动小环运转,小环保证大环运转,相互联系、相互促进、相互制约、相互影响,只有彼此之间协调一致、协同运转,才能有效实现组织的目标,并不断提高。

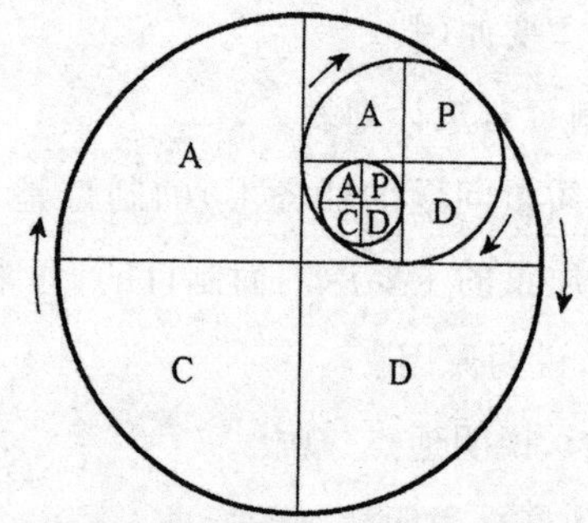

图 7-2 大小环嵌套运转模式图示

(3)PDCA 循环运转是螺旋式上升的。一个质量问题常需要多次循环才能解决,每次循环都有新的目标和内容,循环一次,改进一次,如同滚石上楼梯一样(图 7-3),以持续改进和提高质量。

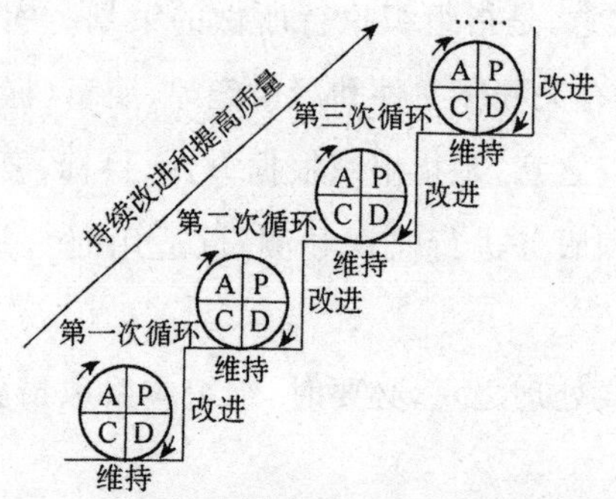

图 7-3 PDCA 循环的滚石上楼梯图示

PDCA 循环能够应用于所有过程以及整个质量管理体系(图 7-4)。

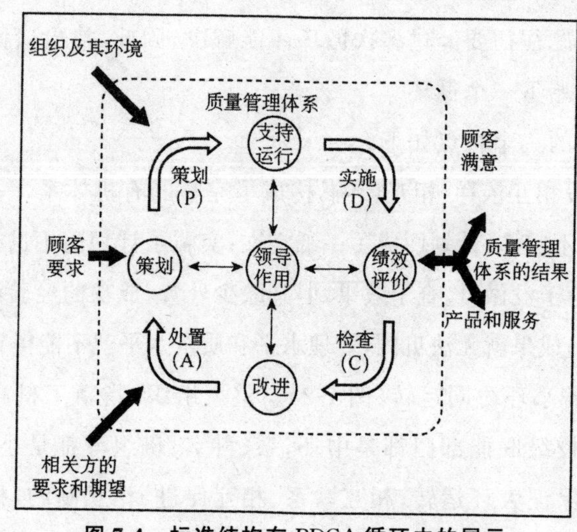

图 7-4 标准结构在 PDCA 循环中的展示

（六）基于风险的思维

基于风险的思维是实现质量管理体系有效性的基础，在以往的相关标准中有些要领隐含这种思维意识，如采取预防措施消除潜在的不合格问题；对发生的不合格问题进行分析，并采取与不合格问题的影响相适应的措施，防止其再发生。

为了满足标准要求，组织需策划和实施应对风险和机遇的措施。应对风险和机遇，为提高质量管理体系有效性、获得改进结果以及防止不利影响奠定基础。

某些有利于实现预期结果的情况可能导致机遇的出现，例如，有利于组织吸引顾客、开发新产品和服务、减少浪费或提高生产率的系列情形。此外，利用机遇所采取的措施也可能包括相关风险。风险是不确定性的影响，不确定性既可能有正面的影响，也可能有负面的影响。风险的正面影响可能提供机遇，但并非所有的正面影响均可提供机遇。

五、改进

（一）目的

持续关注改进是为了新工科高等学校的持续成功。

（二）意义

不断改进对于新工科高等学校保持当前的绩效水平，对其内外部条件的变化做出反应并创造新的机会都是非常必要的。

（三）作用

不断改进可能的获益是：提高过程绩效、新工科高等学校能力和顾客满意；加强对调查和确定根本原因及后续的预防和纠正措施的关注；提高新工科高等学校对内外部的风险和机遇的预测和反应的能力；增加对渐进性和突破性改进的考虑；通过加强学习实现改进；增强创新的动力。

（四）相关活动

可开展的活动包括：促进新工科高等学校的所有层级建立改进目标；对各层级员工进行培训，使其懂得如何应用基本工具和方法实现改进目标；确保员工有能力成功地制定和完成改进项目；开发和展开过程，以在整个新工科高等学校内实施改进项目；跟踪、评审和审核改进项目的计划、实施、完成和结果；将新产品开发或产品、服务和过程的变更都纳入改进中予以考虑;赞赏和表彰改进。

六、循证决策

(一)目的

基于数据和信息分析和评价的决策,更有可能产生期望的结果。

(二)意义

决策是一个复杂的过程,并且总是包含一些不确定因素。它经常涉及多种类型和来源的输入及其解释,而这些解释可能是主观的。对事实、证据和数据的分析可使决策更加客观、可信。

(三)作用

循证决策可能的获益是:改进决策过程;改进对过程绩效和实现目标的能力的评估;提高运行的有效性和效率;提高评审、挑战和改变观点和决策的能力;提高证实以往决策有效性的能力。

(四)相关活动

可开展的活动包括:确定、测量、监视和证实新工科高等学校绩效的关键指标;使相关人员能够获得所需的全部数据;确保数据和信息足够准确、可靠和安全;使用适宜的方法对数据和信息进行分析和评价;确保教职工有能力分析和评价所需的数据;依据证据,权衡经验和直觉进行决策并采取措施。

七、关系管理

(一)目的

为了获得持续成功,新工科高等学校需要管理与相关方(如供方、合作伙伴等)的关系。

(二)意义

相关方会影响新工科高等学校的绩效。新工科高等学校应管理与所有相关方的关系,以尽可能地发挥其在新工科高等学校绩效方面的作用,更可能获得持续成功其中对供方及合作伙伴的关系网的管理尤为重要。

(三)作用

关系管理可能的获益是:通过对每一个与相关方有关的机会和限制的响应,

提高新工科高等学校及其相关方的绩效；在目标和价值观方面，新工科高等学校与相关方有共同的理解；通过共享资源和能力，以及管理与质量有关的风险，提高为相关方创造价值的能力；具有管理良好、可稳定提供产品和服务的供应链。

(四)相关活动

可开展的活动包括：确定相关方(如供方、合作伙伴、顾客、投资者、雇员或整个社会等)及其与新工科高等学校的关系；确定和排序需要管理的相关方的关系；权衡短期利益与长远利益的关系；收集并与相关方共享信息、专业知识和资源；适当时测量绩效并向相关方报告，以增加改进的主动性；与供方、合作伙伴及其他相关方共同开发、开展和改进活动；鼓励和表彰供方与合作伙伴的改进和成绩。

第二节 建立和保持新工科专业人才培养质量管理体系

一、新工科教育质量管理体系模式

(一)总则

新工科高等学校就像人一样，也是一个具有生存和学习能力的社会有机体，也具有适应的能力，并且由相互作用的系统、过程和活动组成。为了适应变化的环境，新工科高等学校也需要具备应变能力。新工科高等学校经常通过创新实现突破性改进。在新工科高等学校的质量管理体系模式中可以认识到，不是所有的体系、过程和活动都可以被预先确定，因此，新工科高等学校需要具有灵活性，以适应复杂的新工科高等学校环境。[1]

(二)体系

新工科高等学校寻求了解内外部环境，以识别相关方的需求和期望。这些信息被用于质量管理体系的建设，实现新工科高等学校的可持续发展。一个过程的输出可成为其他过程的输入，并连接成整个网络。虽然不同新工科高等学校的质量管理体系通常是由相似的过程组成的，但实际上，每所新工科高等学

---

[1]方潜生，潘和平．以新工科建设引领高质量人才培养[J]. 中国建设教育，2019，5(133)：26-28.

校的质量管理体系都是唯一的。

(三)过程

新工科高等学校拥有可被确定、测量和改进的过程。这些过程相互作用,产生与新工科高等学校的目标相一致的结果,并跨越职能界限。某些过程可能是关键的,而另外一些则不是。

(四)活动

新工科高等学校的教职工在过程中协调配合,开展他们的日常活动。依靠对新工科高等学校目标的理解,一些活动被预先规定,而另一些活动则是通过对外界刺激的反应,以确定其性质并予以执行。

(五)方法

本标准鼓励采用过程方法管理新工科高等学校。使用资源将输入转化为输出的任何一项或一组活动均可视为一个过程。通常,一个过程的输出将直接成为下一个过程的输入。因此,为使新工科高等学校有效运行,必须识别和管理许多相互关联和相互作用的过程。过程方法就是系统地识别和管理新工科高等学校所应用的过程,特别是这些过程之间的相互作用。以过程为基础的新工科教育质量管理体系模式,如图 7-5 所示。由图 7-5 可知:在向新工科高等学校提供输入方面,相关方起重要作用;监视相关方满意程度需要评价相关方感受的信息,这种信息可以表明其需求和期望已得到满足的程度。

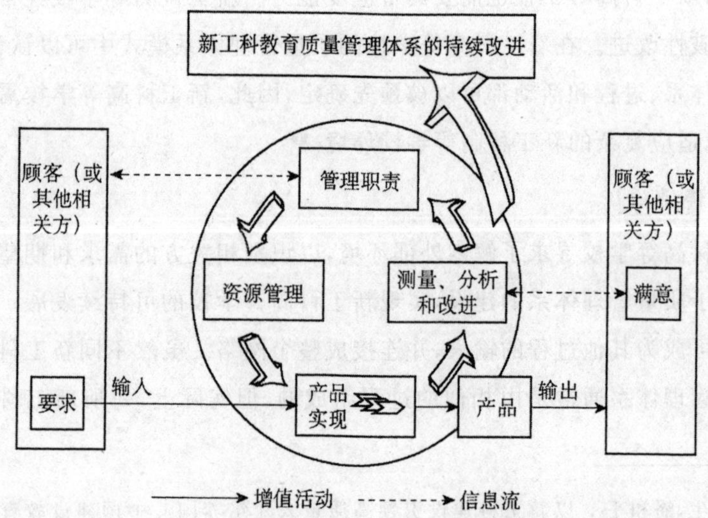

图 7-5　以过程为基础的新工科教育质量管理体系模式

二、新工科教育质量管理体系内容

(一)质量方针和质量目标

质量方针和质量目标的建立为新工科高等学校提供了关注的焦点,确定了期望的结果,并帮助新工科高等学校利用其资源实现这些结果。质量方针为建立和评审质量目标提供了框架。质量目标需要与质量方针和持续改进的承诺相一致,目标的实现需是可测量的。质量目标的实现对产品或服务质量、运行有效性和财务业绩都有积极影响,对提高相关方的满意度和信任度也会产生积极影响。

(二)质量要求

质量要求有质量管理体系要求和产品或服务要求的区分。

GB/T 19001—2016 规定了质量管理体系要求。质量管理体系要求是通用的,适用于所有行业或经济领域的组织(包括新工科高等学校),不论其提供何种类别的产品或服务。GB/T 19001—2016 没有直接对产品或服务的要求做出规定。

产品或服务要求可由顾客规定,或由组织(包括新工科高等学校)通过预测顾客的要求规定,或由法律法规规定。产品或服务要求有时与相关的过程要求一起被包含在诸如技术规范、产品标准、过程标准、合同协议和法规要求中。

(三)质量保证体系

质量保证体系(quality assurance system,QAS)就是要通过一定的制度、规章、方法、程序和机构等把质量保证活动加以系统化、标准化及制度化。质量保证体系的核心就是依靠人的积极性和创造性,发挥科学技术的力量。质量保证体系的实质就是责任制和奖罚。质量保证体系体现在一系列的手册、汇编和图表等方面。

质量保证是指为使人们确信产品或服务能满足质量要求而在质量管理体系中实施并根据需要进行证实的全部有计划和有系统的活动。质量保证一般适用于有合同的情况,其主要目的是使用户确信产品或服务能满足规定的质量要求。质量保证的内容绝不是单纯的保证质量,保证质量是质量控制的任务,质量保证是以保证质量为基础,进一步引申到提供“信任”这一基本目的。

质量保证活动分为内部质量保证活动和外部质量保证活动(图 7-6),内部质量保证活动是组织(指新工科高等学校)管理的一种手段,目的是取得组织(指新工科高等学校)领导的信任。外部质量保证活动是在有合同的环境中,供方(组织)取信于需方(顾客)信任的一种手段。因此,质量保证的内容绝非单纯的保证质量,而更重要的是要通过对那些影响质量的质量体系要素进行一系列有计划、有组织的评价活动,为取得组织领导和需方的信任而提供充分可靠的证据。

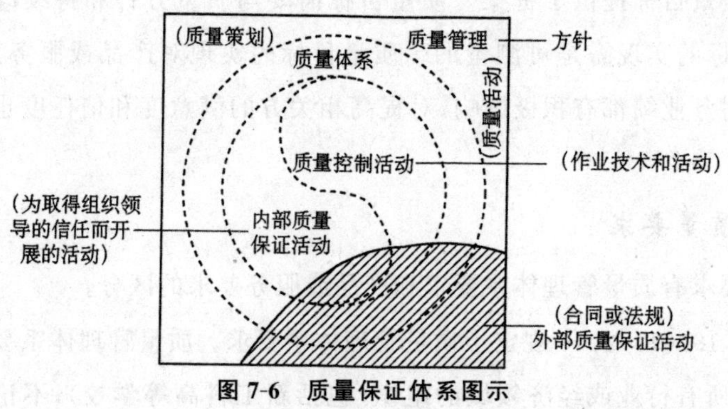

图 7-6　质量保证体系图示

在图 7-6 中,正方形表示组织(指新工科高等学校)的全部质量管理工作。首先应制定质量方针和质量目标,同时进行质量策划、设计,并建立一个科学有效的质量体系,而建立质量体系,则应设置质量管理组织机构,明确其职责权限,再开展质量控制活动和内部质量保证活动。质量控制活动是作业技术和活动,而内部质量保证活动则是为了取得组织(指新工科高等学校)领导的信任而开展的活动。二者之间用虚 S 形分开,这是为了说明这两种活动是很难明显区分开来的,而大小虚圆(如用实圆就是把它们与质量管理割开了)则是表示方形内的活动和工作都是质量管理。弧形斜线部分表示只有当合同上或法规中有质量保证要求时,外部质量保证活动才会发生。外部质量保证活动的开展是为了取得需方(顾客)的信任。而弧形部分覆盖在方形上,形象地说明了外部质量保证只能建立在组织(指新工科高等学校)内部质量管理基础上,也就是质量保证体系应建立在质量管理体系基础上。离开质量管理和质量控制,就谈不上质量保证;离开质量管理体系,也就不可能建立质量保证体系。

(四)质量责任

质量责任是指因产品或服务质量不符合国家有关法规、质量标准以及合同规定的适用、安全和其他特性的要求而对新工科高等学校、顾客和其他相关方造成不良影响或损失时，质量责任人或新工科高等学校所应承担的责任。当不合格产品对用户的经济效益产生不良影响，或给用户及他人的人身和财产造成损害时，组织应承担民事责任。因此，这种民事责任既包括了违反合同的民事责任，又包括了因产品质量问题而引起的一种特殊的损害赔偿责任。

责任者违反产品或服务质量要求的行为表现为：责任者违反法律、法规对产品质量所做的强制性要求；责任者违反就产品或服务质量向消费者所做的说明或者陈述；产品或服务存在缺陷。

因此，为预防和避免产品或服务不合格而造成损失，组织应建立健全质量责任制。

质量责任制是明确规定新工科高等学校各部门、各环节，以及每一个人在质量工作上的具体任务、目标、责任、要求和权利，以保证产品或服务质量的一种责任制度。推行全面质量管理，建立和健全各级行政领导、职能机构和教职工的质量责任制，一般包括以下五方面的内容。

(1)新工科高等学校的最高管理者(校长)对本校的新工科教育质量负全部责任。

(2)主管教学的校长对新产品或服务的研制、生产，对产品或服务质量开发计划的编制和解决产品或服务质量中存在的技术问题负责，并协助最高管理者(校长)促使各项质量计划的实现。

(3)学院(系)院长和教研组组长对本学院(系)和本教研组的产品或服务质量负直接责任。

(4)教师对自己的课程质量负责。教师应严格遵守教学规范，按课程标准，做好自检与互检工作，主动隔离废、次品，防止不合格品输出。

(5)除专职质量管理部门具有质量管理职能，应明确其质量责任外，各个职能部门都应根据本部门的工作性质和特点，明确质量责任，承担相应的质量管理任务，组织好与本部门有关的质量管理工作。

(五)质量体系文件

质量体系文件是描述质量体系的一整套文件，既是建立并保持企业开展质量管理、质量保证和贯彻质量管理体系标准的重要基础，也是质量体系审核和质量体系认证的主要依据。建立并完善质量体系文件是为了进一步理顺关系，明确各部门职责与权限，协调各部门之间的关系，使各项质量活动能够顺利、有效地实施,使质量体系实现经济、高效的运行,以满足顾客和消费者的需要,并使企业取得明显的效益。

质量体系文件一般包括质量手册、程序文件、作业指导书、产品或服务质量标准、检测技术规范与标准方法、质量计划、质量记录、检测报告等。质量体系文件一般划分为三个或四个层次,实验室可根据自身的监测工作需要和习惯加以规定。

三、新工科教育质量管理体系建立、运行和改进

建立和实施新工科教育质量管理体系的主要步骤分为以下八步。

第一步,确定顾客和其他相关方的需求和期望。

第二步,制定新工科高等学校的新工科教育质量方针和质量目标。

第三步,确定实现新工科教育质量目标必需的过程和责任。

第四步,确定和提供实现新工科教育质量目标必需的资源。

第五步,规定测量每个过程的有效性和效率的方法。

第六步,应用这些测量方法确定每个过程的有效性和效率。

第七步,防止不合格产生并确定相关措施。

第八步,建立和应用持续改进新工科教育质量管理体系的过程。

质量管理体系是通过周期性改进,随着时间的推移而进化的动态系统。无论其是否经过正式策划,每所新工科高等学校都有质量管理活动。知识的增长可能会带来创新,使质量管理体系的绩效达到更高的水平。因此,确定新工科高等学校中现存的活动和这些活动对新工科高等学校环境的适宜性是必要的。本标准可用于帮助新工科高等学校建立一个与其实际情况紧密结合的质量管理体系。

质量管理体系为策划、执行、监视和改进质量管理活动的绩效提供了框架。质量管理体系无须复杂化,而是要准确地反映新工科高等学校的需求。在新工科高等学校建立质量管理体系的过程中,本标准中给出的基本概念和原则可为其提供有价值的指南。

质量管理体系计划不是一件一劳永逸的事情,而是一个持续的过程。这些计划随着新工科高等学校环境的变化而逐渐完善。质量管理体系是通过周期性改进,随着时间的推移而进化的动态系统。无论其是否经过正式策划,每所

新工科高等学校都有质量管理活动。本标准为如何建立正规的体系以管理这些活动提供了指南。确定新工科高等学校中现存的活动和这些活动对新工科高等学校环境的适宜性是必要的。

定期监视和评价质量管理体系计划的执行情况及其绩效状况,对组织来说是非常重要的。组织应仔细考虑这些状况,以有利于这些活动的开展。计划要考虑新工科高等学校的所有质量活动,并确保覆盖标准的要求。计划应经批准后实施。

审核是一种评价质量管理体系有效性的方法,以识别风险和确定质量管理体系是否满足要求。为有效地进行审核,需要收集有形和无形的证据。在对所收集的证据进行分析的基础上,采取纠正和改进的措施。持续改进的目的在于增加新工科高等学校提升人才培养和其他相关方满意的概率,主要包括下列活动。

(1)分析和评价现状,以识别改进区域。

(2)确定改进目标。

(3)寻找可能的解决办法,以实现这些目标。

(4)评价这些解决办法,并做出选择。

(5)实施选定的解决办法。

(6)测量、验证、分析和评价实施的结果,并确定这些目标是否已实现。

(7)正式采纳更改。

必要时,需对结果进行评审,以确定进一步改进的机会。因此,改进是一种持续的活动。顾客和其他相关方的反馈以及质量管理体系的审核和评审均能用于识别改进的机会。

第三节 新工科专业人才培养质量管理体系评价

一、新工科教育质量管理体系评价

新工科教育质量管理体系评价可在不同的范围内,通过一系列活动来开展,如审核和评审新工科教育质量管理体系以及自我评定。评价新工科教育质量管理体系时,应当对每一个被评价的过程提出如下四个基本问题。

(1)过程是否被识别并适当规定?

(2)职责是否被分配?

(3)程序是否得到实施和保持?

(4)在实现所要求的结果方面,过程是否有效?

综合上述问题的答案可以确定评价结果。

二、新工科教育质量管理体系审核

审核用于确定符合新工科教育质量管理体系要求的程度。审核发现用于评定新工科教育质量管理体系的有效性和识别改进的机会。审核的方式如下。

第一方审核(通常称内部审核),是由新工科高等学校自己或以新工科高等学校的名义对自身的产品或服务、过程、质量管理体系进行的审核。审核员通常是本组织(指新工科高等学校)的,也可聘请外部人员。通过审核,新工科高等学校可以综合评价质量活动及其结果,对审核中发现的不合格项采取纠正和改进措施。审核结果可作为新工科高等学校自我合格声明的基础。

第二方审核(外部审核的一种方式),是由新工科高等学校的顾客或其他人以顾客的名义对其进行的审核。目前,国内外一些顾客常委托代理机构对供方质量保证能力进行审核、评定,这种做法保证了审核的客观性和公正性,弥补了自身审核力量的不足,解决了不能及时选择合格供方的问题。

第三方审核(外部审核的一种方式),是由外部独立的组织进行的审核。这类组织通常是经认可的,可提供符合要求(如 GB/T 19001—2016)的认证。

GB/T 19011—2016 提供了审核指南。

此外,审核按审核范围划分为全部审核、部分审核和跟踪审核三种。

三、新工科教育质量管理体系评审

最高管理者(通常指校长)的任务是对照质量方针和质量目标,定期和系统地评价新工科教育质量管理体系的适宜性、充分性、有效性和效率。这种评审可包括考虑是否需要修改质量方针和质量目标,以响应相关方需求和期望的变化;评审还包括确定是否需要采取措施。

审核报告与其他信息源一同用于新工科教育质量管理体系的评审。

四、新工科教育质量管理体系自我评定

新工科高等学校的自我评定是新工科高等学校参照新工科教育质量管理体系或卓越模式，对自身的活动和结果所进行的全面和系统的评审。

自我评定可提供新工科高等学校业绩和新工科教育质量管理体系成熟程度方面的全面情况，有助于发现新工科高等学校中需要改进的领域，并确定应优先开展的领域。

五、新工科教育质量管理体系认证

质量管理体系认证是指由取得质量管理体系认证资格的第三方认证机构，依据正式发布的质量管理体系标准，对企业的质量管理体系实施评定，当评定合格时，颁发质量管理体系认证证书给受审企业，并给予注册公布，以证明该企业质量管理和质量保证能力符合相应标准或有能力按规定的质量要求提供产品的活动。

通常，质量管理体系认证过程包括以下九个部分的活动。

(1)申请、受理、签订认证合同。

(2)审核的启动。

(3)文件评审。

(4)现场审核活动的实施。

(5)编制、批准和分发审核报告，审核的完成。

(6)技术委员会评定。

(7)批准注册、颁发认证证书。

(8)监督审核。

(9)复评。

第八章 创新创业人才培养体系构建

第一节 创新创业人才培养存在的问题

我国地方本科院校创新创业人才培养体系是培养创新创业人才的重要环节。实施大学生创新创业教育是地方本科教育育人模式的一项重要举措。目前,我国地方本科创新创业教育还处于探索与实践阶段,在还存在与行业企业需求脱节、与专业教育脱节、师资薄弱、创新创业平台不完善等诸多问题,应积极采取对接行业需求、与专业教育深度融合、加强师资队伍建设、建立完善创新创业平台等措施,深入推进创新创业教育教学改革。

长期以来,中国地方本科教育将人才培养目标简单定位为应用型人才,存在地方本科学生毕业后的选择就是就业、升学等这一教育观念,严重忽视了地方本科院校学生创新能力培养和创业教育,导致学生创新精神和创业能力严重不足。在我国地方本科院校现行创新创业人才培养体系中主要存在以下几方面的问题。

一、专业教育与行业需求脱节

(一)专业教育与企业人力资源需求脱节

一方面,在竞争激烈的当下社会,企业所需的是可以直接上岗的人才,不经过长时间的培训就可以"零距离上岗"。这就在无形中强化了地方本科院校人才培养的实践性和应用性,给地方本科院校带来了不可避免的挑战。为了实现"零距离上岗",地方本科院校就要以工作过程知识为核心,注重提高学生的职业能力,改革课程内容,培养社会所需的高技能型人才,使地方本科教育与企业岗位之间相互适应。从目前情况来看,我国地方本科院校专业课程的实际情况不能达到企业岗位的新要求,对地方本科课程内容与职业标准对接的实现产生影响。

另一方面，地方本科教育存在一个普遍的问题：由于一味地关注学生专业能力和技术应用的培养，从而忽视或者弱化了一些非智力、非技术性的因素，例如，价值观念、道德水准、意志品格、心理情感等人文素养和健康心理的培养。学生的德育目标要求过低，职业素养不高，过于彰显个性，以至缺乏合作意识和集体主义精神。此外，从企业的需求来看，团队精神和合作意识是各类企业都相当看重的，这也是当前地方本科人文素质教育中的一个盲点。团队精神和合作意识的培养也是学生人文素养和健康心理培养的切实体现。在全球经济一体化的大背景下，企业不仅需要专业操作技术过硬的高技能人才，更需求这样的人才具备与来自不同地方、不同文化背景、不同专业领域的人相互沟通、交流、学习和合作的基本素质。因此，通过教育培养学生的合作意识与合作能力比过去任何时候都显得重要。学生能否拥有理解、包容不同文化、习俗的胸怀，能否在与他人的合作中发挥自己的优势、体现自己的价值，进而展现创新创业能力，是地方本科教育面对全球经济一体化必然要应对的挑战。

经调研发现，用人单位认为目前地方本科类人才创新创业能力表现出的主要问题是：缺乏创新精神、创业意识，缺乏洞察力和批判性思维，组织协调能力不够，领导力不够，决策力不够等。由此看来，地方本科院校毕业生的创新创业能力还停留在缺乏创新精神和创业意识的较低水平上。现行地方本科专业教育与企业人力资源需求存在脱节，主要表现在专业设置与区域产业发展吻合度低和专业设置缺乏前瞻性与预见性两个方面。

1. 专业设置与区域产业发展吻合度低

没有与区域产业发展需求进行接轨，对地方本科院校专业设置和布局进行有效调控，造成专业设置重复，资源浪费严重。落后重复的专业建设，地方本科院校学生就业范围窄、创业市场前景不好。

2. 专业设置缺乏前瞻性与预见性

地方本科院校与产业、企业信息不对称，专业设置缺乏前瞻性和预见性，跟不上产业布局调整、生产技术更新换代的步伐，满足不了产业的人力资源需求。招生时的热门专业，往往各院校一呼而上、大量招生，造成供过于求；或者因产业调整转型，人才市场需求发生变化，学生毕业时就业困难。例如，前几年热门的煤炭专业毕业生供大于求，而物联网、机器人、物流类等新兴产业人才短缺。

（二）专业教育与职业标准脱节

职业标准是相对于职业能力而言，是有关职业领域内有效“能力”的明确说明。英国学者鲍勃·曼斯菲尔德也认同这个观点，他认为职业标准所依赖的概念与能力相关。对我国而言，职业标准是依据各行各业的职业分类和职业活动内容，对从业人员工作能力的要求。它是从业人员从事职业活动，接受地方本科教育培训和职业技能鉴定、用人单位录用的主要依据。职业标准包含很多方面的内容，如知识技能要求、环境与条件、教育水平、职业道德等。这些内容中最重要的是知识技能要求，它是从业人员技术水平和工作能力的重要体现。职业标准有国际标准、国家标准与行业、企业标准这几类，这里所指的职业标准是以国家职业标准为基准，同时参照行业、企业标准的综合职业标准。国家职业标准包括职业概况、基本要求、工作要求和比重表 4 个部分，其中工作要求为国家职业标准的主体部分。

国家职业标准对职业学院的课程专业设置做了相应规定，是地方本科院校选择课程内容和确定课程体系的重要依据。地方本科教育课程开发依赖职业标准，通过对具体工作任务的分析，明确工作要求，进而对地方本科教育的课程进行调整。根据职业标准确定职业学校教育课程，重视知识和技能，重视理论与实践，重视学历证书与职业资格证书，顺应市场和产业的需求，使受教育者的所学与实际职业岗位相适应。国家职业标准的制定，规范了从业人员的工作能力要求，提高了从业者的综合素质，推动了职业资格证书制度建设，促进了职业院校的发展，为整个市场的发展注入活力。

随着地方本科教育的发展，地方本科院校渐渐认识到不能忽视职业标准，否则培养的人才就不能适应市场及行业企业的需求。有些地方本科院校的课程开发者对职业标准的理解有偏差，不清楚课程标准与职业标准的区别，把职业标准当作课程标准进行课程设置，或者片面地认为职业标准就是地方本科教育的课程标准，不做深入的分析调查，不考虑学生的实际职业发展空间，任意将职业标准代替课程标准设置课程内容，导致地方本科专业教育内容与职业标准对接不紧密。

（三）行业标准没有融入人才培养体系

行业标准是行业对产品、服务等重复性事物和概念所做的统一规定。它以科学、技术和实践经验的综合成果为基础，经有关方面协商一致，由行业主管机构制订并报送相关上级主管部门批准，以特定形式发布，作为共同遵守的准则和依据。我国各行业都制订了相应的行业标准，有些技术含量和要求高的行业或职业还有对从业人员的资格和培训等方面的标准，从业人员的资格要求常常以上岗证或者执照等证照的形式出现，根据类型和级别不同，对应有各自的培训内容、要求和标准以及相应的考试标准。

专业人才培养方案是指在现代教育理论、教育思想指导下，教学单位为了达到某专业的培养目标和人才规格而制订的人才培养计划。专业人才培养方案通常包括：培养目标和规格、培养时间或期限、课程体系和教学内容、教学安排和考核评估的方法与标准等项目内容。在专业人才培养方案中，课程体系和教学内容是最重要的组成部分。这部分内容的设置与确定，对专业人才培养的质量起着关键的作用。

目前地方本科院校的教学方法仍是以传统的教师传授为主，学生处于被动地位，不能很好地自主学习，并且教学内容没有有效实现与职业标准对接。在即便有实训基地的情况下，学生也很少进入企业进行参观实践，感受不到企业工作氛围，不能把学校所学的知识应用到职业岗位。这种单一的教学方式只能限制学生的发展，抑制学生的思路，不能把学生所学到的知识很好地反映到实际的工作过程中，学校所学的知识和技能甚至不是工作中所需，学科知识与职业知识相距甚远。

二、现行教育与创新创业脱节

创新创业教育是一个专业教育和基础理论教育相结合、内容丰富、操作性又非常强的系统工程，其核心是提高大学生创新创业的精神和能力、培养高素质的创新创业人才。地方本科教育旨在培养生产、建设、管理、服务一线的高级技术技能型人才，以对人才的技术技能培养为核心，比较注重学生职业素质和能力的养成，较为忽视学生创新创业能力的培养。地方本科学生进校之前普遍接受的以通过高考为导向的应试教育，侧重于学生应对高考的知识学习和应试能力的训练，学生的创新意识和创业能力没有得到有效培育和开发，而且往往受到抑制。在学生们进入地方本科院校后，学校开展的地方本科院校人才培养缺乏完整的创新创业人才培养体系，学生的创新意识和能力也不能得到有效培育和开发。

随着创新创业教育深入高校,地方本科院校也越来越重视创新创业教育的发展,陆续开设了许多关于创新创业教育的课程,但是这些课程往往与专业教育脱节,忽视了与专业教育的联系,专业教育和创新创业教育成了“两张皮”。专业教育是创新创业的理论基础,创新创业教育是专业培养的向导,没有将两者结合起来,就难以形成一个完整的创新创业人才培养体系。

以往的地方本科院校以培养学生的技术技能为主,主要关注学生毕业后能否找到工作,基本没有开设创新创业教育方面的课程。在国家要求所有高校都要开展创新创业教育的情况下,地方本科院校虽然设置了一些创新创业的课程,但缺乏对相关政策和行业规定的了解、对市场的判断能力,创业项目和社会需求相差很远,不能满足社会对创新创业人才的需求。

(一)创新创业教育课程体系薄弱

创新创业型人才必须要适应社会经济发展要求,具备扎实的专业知识、敏锐的市场洞察力、较强的创新意识、较好的信息处理能力、知识创新能力、自主创业能力和合作创业能力等,而这些能力的培养需要创新创业教育与专业教育的有机融合。目前,很多地方本科院校创新创业教育没有与专业教育进行有效融合,创新创业教育与大学生的专业素质培养和职业技能提升相脱节,创新创业教育课程体系不完善。

地方本科院校的创新创业教育课程体系设置较为薄弱,在调查中显示,大部分学生表示没有正统地接受过创新创业教育课程,更多的是就业指导课程中开设有创业模块。地方本科院校的创新创业教育普遍没有进入学校的主教学体系之中,更没有将创新创业教育与专业教育相结合。除就业指导课程中的创业模块外,地方本科院校还会使用开设选修课、举办讲座、校园活动等方式完善创新创业教育课程,但是始终没有一个明确的教育课程体系。另外,地方本科院校的创新创业课程较为单一,学生不论何种专业院系,接受的都是统一的创新创业教育课程,这直接导致创新创业教育的平庸化,教师大多泛泛而谈,没有结合相应的专业特点展开,对学生的启发和帮助甚微。地方本科院校普遍没有形成系统完善的创新创业教学体系,创新创业课程的设置非常随意,往往依照本校老师的情况而采取不一样的方法,课程没有统一的评价标准,也缺乏专业的有相关经验或者认识的创新创业教师,这些都直接影响了创新创业教育的实施效果,也使院校的创新创业教育到达了一个尴尬的局面。

1. 专业理论课程与创新创业教育脱节

一是教材内容与创新创业脱节。地方本科院校使用的全国规划教材开发周期长,编者多为缺少创新创业实践经验的地方本科院校教师,重理论、轻实践,重专业知识、轻创新创业,课本上有许多内容已经落后于企业目前的创新意识。由于专业教学与技能训练的创新创业建设技术要求高、开发成本高,单靠职业院校的力量难以完成。如营销专业在新媒体营销等与新兴市场紧密接轨,学生创新创业能力等课程未及时开展。二是教学过程没有与创新创业融合。地方本科院校普遍实行学科课程教学,采用传统的课堂教学方式,多媒体教学设备仅仅发挥了替代板书的功能,很少采用工作任务教学、模块化教学,在实习实训车间、企业生产现场教学。

2. 实习实训教育与创新创业教学脱节

实践环节是创新创业教育中的核心部分,对学生创新创业能力的培养十分重要。地方本科院校学生接受的创新创业教育实践主要分为校内模拟实践和校外实地实践。综合调查分析发现,限于实践基地、实训经费及设备等条件,大部分地方本科院校的校内模拟实践主要偏重于创新创业理论的讲授,或者鼓励学生参加创新创业大赛等赛事,不能很好地为学生提供如电子沙盘模拟、模拟公司实训、网络营销模拟、创业孵化基地运营等实践课程。在校外实地实践方面,绝大部分地方本科院校都与校外企业开展了不同形式的合作,但多数合作停留在表面上,没有在深度和广度上挖掘,企业仅能提供参观学习、基础实习等方面的项目合作,较少在创新创业教育层面展开合作。地方本科院校实训设备投入不足,导致实训场地和实训工位严重不足,设备条件滞后于企业生产设备水平。学生在实习实训中不能很好地接受创新创业教学,存在疏于指导、引导不足等现象。实习实训教学是地方本科教育人才创新创业素质培养的重要环节,忽视实习实训会导致学生创新创业能力差,难以适应岗位创新能力要求,创业率低。

(二)创新创业教育没有形成闭环

地方本科院校创新创业教育在实际运行中存在着工作环节不贯通、相互之间有断层的问题,导致教育实践难以形成有效构建闭环,实现良性运行。目前创新创业教育主要在课中集中体现,而课前、课后、课外创新创业教育薄弱、零散、不成体系,没有形成创新创业闭环教学全过程;创新创业教育过程与考核评价没有形成闭环，随着创新创业教育过程逐步发展，但考核评价体系并未建立，无法从结果评价中反馈给过程，以促进创新创业教育的循环螺旋式改进发展。只有构建好创新创业教育的有效闭环，推进教育的持续改进，利用循环运转不断提升创新创业教育质量。

（三）创新创业教育考核评价体系未建立

对地方本科院校的评价与创新创业相关度低，对学校的办学水平、质量及表彰、奖励、特许权等，过多地看重一个学校的土地校舍面积、设施设备价值、教工学生人数，导致了大学校的同质化日益严重。历来的达标、升格、升级都是鼓励大而全，以专业与创新创业相结合的特色品牌专业建设缺乏力度，没有充分发挥特色品牌专业的专业引领作用，对学生创新意识、创业率及创业质量等指标没有考虑。

缺乏对创业创新型人才培养的效果尚缺乏科学的评价考核机制。社会对创新创业人才缺乏目标导向，对创新创业教育的评判也只停留在理论层面，创新创业人才的培养并没有真正得到落实。长期以来，创新创业教育还没有真正纳入学生学业考核、教师教学业绩考核和学校人才培养质量考核范围。

三、创新创业师资薄弱

师资队伍是高校实施创新创业教育的重要因素，同时，师资队伍建设也是高校内涵式建设的重要基础。在内涵式发展视域下开展大学生创新创业教育，需要建设一支具有创新创业素养的师资队伍。目前，从总体上来看，我国高校创新创业教育教师队伍数量严重不足，知识结构不能满足创新创业教育多学科性质的要求，师资资源缺乏整合和统一组织协调。

（一）师资管理体制不健全，创新创业教育发展不规范

目前，大多数地方本科院校对创新创业教育的教师管理不规范，管理体制不健全导致管理过程中出现了很多问题。一方面，在地方本科院校专门从事创新创业教育的教师数量较少，还有很多属于兼职教师，他们的行政权归属于自己院系，同时还承担院系的各种教学任务，创新创业教育也自然而然被作为“业余”工作来做，就难以保证创新创业教育的质量，对创新创业教育的认同感也相对较低。另一方面，大部分地方本科院校都没有专门的机构来开展创新创业教育，即便有也不是独立的部门，而是隶属于“两课教学部”或者就业办公室这样

的基层单位，这些处于基层的教学单位没有较大的行政管理权，进而导致创新创业教育管理职能不高。除了上述的这两个有关创新创业教育教师的平常管理问题外，一些地方本科院校还缺少相应的师资管理体制，例如，创新创业教育教师的聘任、组织、培训、课程安排及各种资金支持等，没有这些机制的健全，我国地方本科院校的创新创业教育也是很难取得较好的效果。由于以上原因，很多地方本科院校的创新创业教育发展不规范，师资管理体制不健全。

（二）师资总量不足、水平不高，教学需求不能满足

地方本科院校扩招使得高校的师生比出现了失衡，很多地方本科院校面临着教师数量严重不足的问题。大多数地方本科院校都是应政策需求来开设创新创业课程，从事创新创业教育的相关教师本身缺乏创新创业精神，缺乏专业系统的创新创业知识和能力训练，缺乏创新创业实践经验，开展创新创业的意识和能力欠缺，对学生创新创业活动指导有限。

2002 年教育部确定了清华大学等 9 所学校为创新创业教育的试点单位，如今已有十几个年头，但是各个高校都还没有形成一个足量的、高素质的、能够满足创新创业人才培养的师资队伍。北京航空航天大学曾经举办过 3 期创业教育骨干教师培训班，但参加培训的学校数量却不足全国高校总量的十分之一，最后能够通过培训合格的教师更是屈指可数，可以看出从事创新创业教育的教师是远远不能满足社会需求的。另外，教师数量的不足直接导致了教师教学任务的繁重，教师大部分的精力都用来应付各种教学任务，进行创新创业教育的实践就很少，更不用说教学能力的提升，因此很难保证创新创业教育的教学质量。

（三）师资结构不合理，实践型教师缺乏

总体来说，我国现有的创新创业教育的师资主要由两部分人员组成：一是从事经济管理类相关专业的理论授课教师；二是从事大学生的日常生活管理和毕业就业指导有关工作的辅导员以及负责学生工作管理部门的干部。现有教师队伍的学历结构、年龄结构、专业结构及职称机构都不太合理。从学历结构来说，从事学生工作的辅导员及学生工作部门的管理干部的学历大部分都是硕士研究生及以下，基本没有博士研究生；从年龄结构来说，教师的年龄大多在 40 岁左右，青年教师的比重较大，而青年教师的实践能力又普遍较低；青年教师作为高校发展的新生力量，具有较高的学历和丰富的理论知识，但大多数实践能

力普遍较低，实战经验欠缺，更谈不上有所创新。大部分高校创新创业教育的教师没有创业或者投资的经历，大多是根据书本自学成才，教学中很容易照本宣科，难以把理论和实践联系起来，这样的教学方法难以让学生形成创新创业的意识，更不利于素质培养，所以师资水平也严重地影响到了创新创业教育的教学质量。

地方本科院校创新创业教育的内容涉及多学科、多领域，注重实践技术能力，所以当前创新创业教育的师资队伍建设不能很好地适应高校创新创业教育的又好又快发展。从专业结构来说，他们的专业大多是思政专业，严重缺乏实证方面的研究背景，难以保证创新创业教育的教学质量；从职称结构来说，具有副高以上职称的人数偏少，中级及其以下职称的人数偏多。另外，学校的社会兼职教师数量少，社会兼职教师在创新创业教育实践教学中担任着很重要的角色，是沟通学校和企业的重要桥梁，而这种缺失会造成高校不能充分利用校外的资源，也不利于创新创业人才的培养。

（四）教育管理理念陈旧，影响教育教学质量

一个先进的师资队伍管理能够打造一支优秀的师资队伍，而先进的师资队伍管理理念是建立在科学的教育管理理念之上。国外的创新创业教育开展较早，管理经验也比较丰富。我国的创新创业的管理模式一直是停留在被动和接受型的教育管理模式之上，教育管理理念比较陈旧，也导致了高校教师的创新创业理念不强，教学方法没有创新。在创新创业的教学中，大部分的教师还是习惯性地运用“填鸭式”教学方式，对学生的考核也是依据课本上的内容进行，忽略了学生的兴趣及创新意识的培养；同时，教师作为学生学习的组织者和引导者，对学生全部按固化的思维进行教学，忽略学生的个性化和差异性，也会对学生创新思维的培养造成不良的影响。因此，各个高校必须革新自己的教育理念，着眼于长远，培养教师在教学实践中的创新意识与能力。

四、创新创业平台未建立

国内外研究表明，创新创业平台的提供可以大大提高学生创新意识和创业能力，降低学生创业的成本。地方本科院校虽然越来越重视创新创业教育，但起步晚，政策倾斜力度也比本科、研究生小。地方本科院校创新创业平台普遍不完善，在基础设施、仪器设备、信息平台等硬件资源方面，体制、文化、政策、法

律保护等软件资源方面都很缺乏，创新创业内容与社会发展不能同步的问题较为普遍。地方本科院校创新创业平台的问题可以从硬件和软件两方面进行分析。

(一)创新创业硬件平台

创新创业硬件平台主要包括基础设施、仪器设备、信息平台、资金服务支持4个主要方面。基础设施主要是创新创业所需的场地等硬件条件，以科技园、实验楼、实验室或其他场地为载体。我国地方本科院校基础设施建设普遍落后，仪器设备被认为是大学生创新创业的重要组成部分，通过仪器设备的使用，可以促进大学生创业者的动手实践能力，并且能培养一种创新精神。但仪器设备影响科研的创新，对大学生创新创业的体现并不明显，且这些仪器设备往往价格较高，维护成本也相对较高。随着互联网的快速发展，特别是电子商务的快速发展，越来越多的大学生加入互联网创业的行业，信息平台能提高创新创业实践的系统性、科学性和实用性。目前来讲，信息平台的应用更多的是传递的信息，具体的政策支持并不突出。在投融资服务的支持上，政府层面对大学生创业资金进行了不同程度的支持，而资金问题是地方本科院校学生创业前期最关键的一个影响因素。尽管有不同的政策，但在实际的实行过程中，地方本科院校学生申请相关的资金支持往往难度较大，可操作性较差。创业资本的不足，严重影响了大学生创业目标的实现，创业资本的供给在充足的情况下，可以促进地方本科院校学生创业成功的可能性，完善的投融资服务能够有效地提高地方本科院校学生创新创业的意向和成功概率。总体而言，我国在创业投融资方面的相关政策并不完善，存在滞后性，亟待提高。

(二)创新创业软件平台

创新创业软件平台主要集中在实践平台机制体制建立、社会文化影响、政策支持和法律保护4个方面。实践平台机制体制建立形式有很多，可以是组织、项目，也可以是团队，甚至可以是一个比赛。例如，英国著名的青年创业国际计划，它整合了不同的资源，来帮助引导青年人创业，并共享资源，促进其成长。国内的学者也提出过构建相应的创新、创业教育基金运行机制，并支持创新课题的研究，建立相应的考核机制，促进资源整合，通过实践来培养创新能力；高校的企业孵化器需进行市场化运作，而不仅仅成为一种政府行为。社会文化基础建设和创新创业活动需要社会文化基础的支撑，地方本科院校学生创业缺少社会文化的熏陶和相关支持，在社会家庭中的宣传相对较少，创业舆论氛围不高，来自家庭的支持相对较低，全社会鼓励创业的氛围还欠缺，与国外相比相差甚远。文化方面的竞争优势是最难模仿和替代的，并且是最持久的核心竞争力，而国内的创业文化仍然欠缺。在政策支持方面，尽管国内出台了很多的创业扶持政策，但与地方本科院校学生真实的需求往往存在很大偏差，一些扶持政策的落地相对较难，可操作性亦不高。现有的政策支持主要集中在教育政策支持、资金支持、商务支持和文化政策支持等，但没有完整的体系，政策的普及性和执行力仍需提高。法律保护的研究方面，国内相对较少，与国外发达国家完善的法律保护体系相比差距明显。国内应建立相应的法律体系，促进大学生创新创业平台建设的规范性和合法性，并有效引导大学生进行健康的创业。

近年来，全国很多地方本科院校为落实国家实施创新驱动发展的战略部署，以设立创新创业学院为共同举措，整合校内外资源，促进学生全面发展，统筹开展创新创业具体工作。不可否认，创新创业学院的设立对高校创业管理和研究、课程体系打造和实践服务提供等方面发挥了组织性和建设性的作用。但很多地方本科院校在机构设置上采用非实体的运作方式，即“无形学院，有形运作”。在这种模式中，创新创业学院并不是独立的二级学院或实体学院，虽然在创立之初制定了若干章程、管理办法、培养计划等纲领性文件，但非实体化特征给创新创业学院职责行使和功能发挥带来了关键性的制约，领导配备、专项经费支持和长效化制度建设等规范管理与实际运作仍需完备和常态的组织保障。

第二节　创新创业人才培养对策

一、与行业紧密对接

（一）校企深度合作，共促双创

校企合作办学的性质决定了产学研之间的有效联系，能够促进我国的教育教学实践活动不断适应科学技术更新和市场经济的发展，同时能够促使高校教学质量和人才培养水平的不断提高。校企深度合作能够有效地将学生的理论知识与实践操作相结合，在具体而真实的实践环境中，切实地对实践行为进行思考，并接受一线技术人员的启发，从而不断扩散具体问题的多角度思维，实现创新能力的提升。

凭借我国地方本科院校多年来“校企合作、工学结合”人才培养方式的坚实基础，加之借鉴国外现代学徒制成功经验，校企合作不断加深。企业由只接受学生的毕业实习、实训，发展到现在的校企双主体育人，企业全面参与人才培养的全过程，共同参与人才培养方案的制订、课程的开发与实施等环节。企业与学校的合作加深，保证了人才培养方案及教学流程更科学、规范，人才培养更符合企业用人需求。政校行企多方合作，共同参与人才培养，最终在人才培养方案、教学资源的开发与利用、教学过程和时间的把控、学生管理工作都有了明显的提升。因此，在校企合作的深度实施下，地方本科教育更加深入企业调研，了解职业标准中的岗位能力，培养的人才能紧跟行业产业的发展趋势及满足企业的用人需求，学生的职业技能也得到了极大提升，人才培养的质量得到了很大提高。

校企合作项目管理的规划和实施符合地方本科教育发展的内涵，对地方本科教育的发展具有促进作用。校企合作项目的推行对专业而言是一个难得的发展机遇，在此基础上开设一些适应于企业、行业需求的精品课程，促进地方本科专业课程建设和专业发展。针对企业用人的要求，培养学生的理论知识和实践能力，专业的整体教学水平得到提高，学生就业率增加，专业的品牌建设进一步增强。学校在企业行业合作中挑选有力的合作伙伴，利用企业的教育资源，能够最大限度地减轻学校在实训设备、专业师资、实习基地等方面的投入和师资培训的压力。除了建立实习基地等传统合作关系外，学校将合作逐步扩展到改革现有人才培养模式、共同探索办学模式，促进地方本科院校的可持续发展。❶

企业方面校企合作项目管理的规划和实施结合了企业的特点和用人要求，符合企业发展的方向，同企业的人才培养方向相一致。具体体现在：学校在校企合作项目管理的人才培养方案制定方面，应充分考虑企业的人才需求，进行有针对性地培养学生，使学生的实践能力和职业素养得到提高，企业可以从中挑选优秀学生，降低了人力选拔和培训成本，同时这些学生对企业熟悉、有一定

❶杨路．创新型人才培养的协同机制及其实现途径[J]．现代教育管理，2013(1)：68-71.

感情，企业整体凝聚力得到提升。如果企业愿与学校协商，进行订单培养，成立冠名班，那上述合作的优势更能很好体现出来。此外，企业与学校进行校企合作，通过学校的广泛宣传，企业的知名度在学生、家长、社会各方面得到提升，形成了商誉这项重要的无形资产，形成了潜在客户群体，有利于企业发展。

学校在行业企业合作中挑选有力的合作伙伴，利用企业的教育资源，能够最大限度地减轻学校在实训设备、专业师资、实习基地等方面的投入和师资培训的压力。地方本科教育应当为社会生产服务，以学生的就业作为发展方向，结合企业行业和经济发展需求，重点培养理论与实践兼备的应用型人才，走校企合作的发展道路。

（二）准确把握行业企业人才标准

面对大时代的发展，地方本科院校应根据产业结构的升级不断调整课程目标和专业课程内容，与企业工作岗位的职业标准对接，加强地方本科院校与相关企业的合作，企业的最新发展动态能为地方本科院校课程设置的调整提供方向。借助企业办学，能获得劳动力市场的需求信息，对地方本科专业课程内容做出相应调整，适应职业岗位要求。地方本科专业课程内容建设应满足当前社会经济发展及企业要求，课程内容的选择应以职业标准为依据。将企业纳入课程开发的主体，找准市场定位，才能有效实现课程内容与职业标准对接。地方本科专业课程必须深入实践，淡化理论，突出企业实践地位。当今行业企业对人才提出了新的要求，也向地方本科专业教育内容建设提出了新的挑战。

（三）企业行业标准融入人才培养方案

按行业标准制订地方本科院校专业人才培养方案，能够满足行业用人的要求和标准。

首先，地方本科院校以培养生产、建设、管理和服务第一线专科层次的高素质技能型专门人才为根本任务，地方本科院校培养的目标、规格和层次必须满足行业企事业生产一线用人的要求和标准。因行业标准中有行业对专业技术人员资格的要求、标准以及专业培训等方面的内容，地方本科院校参考及借鉴行业标准来制订专业人才培养的目标和规格，并且将行业标准中的专业培训内容作为专业教学内容的一部分，就能够符合和满足行业企事业生产一线用人的要求和标准。

其次，行业制订从业资格要求和培训标准，是为企事业提供岗位用人标准以及为培训机构提供岗位培训内容和培训标准,同时也为制订教学大纲提供指导。

在地方本科教育教学体系中,课程设置结构是核心。地方本科教育的教学内容要求反映职业性,因为地方本科各专业的培养规格很多内容本身就是职业岗位的工作要求,所以具有明显的职业倾向。地方本科必须按照一线生产实际需要办学,课程体系必须突出能力与素质培养的要求,教学内容必须根据岗位及应用的要求进行重组,才能突出专业特色,地方本科教育的质量才有所依附。地方本科的教学内容与课程体系应当摆脱学科系统性、完整性的束缚,必须与普通高等教育有质的差异。

二、专业教育与创新创业教育深度融合

如何切实增强高校创新创业教育发展的内生动力,防止出现名义上"加强",但实际上"虚化"乃至"落空"的现实问题,重要途径是切实加强专业教育与创新创业教育的融合,厚植创新创业教育在地方本科院校的专业教育中。

创新创业教育侧重于在教学全过程中培养学生创新创业意识、发展学生个性品质、提高学生创新创业实践能力,促进学生全面协调发展的教育。创新创业教育完全可以融入现有的专业教育过程中,以专业教育中的基础理论知识为载体,在专业教育教学过程中深入渗透创新创业精神,提升创新创业实践能力。这种互相融合的教育教学模式必将达到高等教育最理想的效果。

高等职业院校创新创业教育是结合专业的教育,结合各个专业的不同学科特点,引导学生根据专业特长进行创造、创新、创业的嵌入式教育类型。它既是专业教育的起点,也是专业教育的终点,两者的有机融合具有互利共赢的优势成效。

(一)创新创业理论课程体系

优秀的教材和良好的教学教法是构建创新创业教育课程体系不可或缺的部分,加强创新创业教育的研究是教材研发和教学方法改进的基础。要注意发挥创新创业教育中理论研究的先导作用,引导教师自觉介入创新创业教育研究,积极研发本土化的创新创业教育教材,主动探索行之有效的教学模式和教学方法,引导学生通过体验式、互动式、感悟式的多种途径开展自主学习,在实习实践等教学环节追求实效,达到自觉提升综合素质和能力的目标。

以创新创业理念为指导，有益于深化专业课程改革。创新创业教育理念的提出，是对以往专业课程建设的丰富和深化，有利于拓展专业教学资源，改革专业教学方式，转变专业教学评价模式，促进专业人才培养全面升级。以专业教育为根基，有利于实施深层次的创新创业教育内容。专业教育和创新创业教育是源与流的关系，只有源远才能流长。以专业教育为依托，开发多样化的学科创业课程，有利于拓展创新创业发展思路，实现专业学生的个性化创新创业教育。但我们也必须清醒地认识到，专业教育与创新创业教育的融合并非水到渠成的过程。因此，高等职业院校在开展创新创业教育的同时，一定要把握好专业教育与创新创业教育的距离和关系，引导地方本科学生基于自身的专业基础和专业发展需要开展创新创业活动。

首先，应当加强专业课程的设计以及教学技能的运用。在对大学生开展专业教育的同时，要在课程设计中逐步加强通识性教育、跨学科交叉性教育以及实践教育，注重专业教育与通识教育的交互性、不同学科之间的交互性，以及基础理论学习和实践课程的统一性，使学生能够通过更好地理解专业学习，形成感性认识，提升对专业的认知，增强专业学习的兴趣，从而激发学生的创新思维。其次，专业教育逐渐回归教育的本源“育人”，大学生专业教育除了为学生奠定专业基础以外，要通过专业教育帮助学生建立起知识的迁移和串联，使不同知识背景下的学生都能够灵活运用所学知识，培养学生独立思考、推理、分析的能力，进而提升学生对知识的排列、选择与重组的创新能力。

（二）创新创业实践课程体系

创新创业教育是一项实践性很强的教育活动，如果仅仅是在课堂上进行创业课程理论学习，而没有经历过创业实践的锻炼，培养出来的大学生也只能是纸上谈兵。创新创业课程是一门实践重于理论的学科，实践类课程设置可以围绕培养学生创新思维、树立学生创业意识、锻炼学生创业技能的实际需要出发，着重讲解整个创业生命周期内的基本创业原理和基本方法，并对创新创业过程进行案例式和模拟式讲解、讨论和演练，培养学生融入社会后的实际创业能力。这就需要高校建立大学生创新创业训练计划体系，支持和鼓励学生申报国家、省和学校的计划项目，并参与相关的创新创业类竞赛活动；建设虚拟商业社会环境综合实验室，模拟商业社会，通过对服务业与制造业协同、供应链竞合、生产业务链、流通业务链和资本运作业务链相互交织、高度整合的网络仿真综合运作内容体系，让大学生在实验实训中体验创设企业，思考企业经营策略，认知业务操作流程。构建课程实训、实训课程、专业综合实习、跨专业综合实习和创新创业实习5个层级的校内外实践教学体系，以及一批提供行业实习、基地实习的校外实践教学基地。通过校内实践教学体系和校外实践教学基地，大学生在课堂上所学的理论知识得到实际应用和转化，有效提高大学生的决策能力、创新能力、执行能力、社会适应能力和实际操作能力，促进了创新创业教育与专业地方本科教育的有效融合，从而为创新创业人才的培养打下坚实的基础。

需要高校建立大学生创新创业实训室，通过参与仿真创业实践等模拟实训来熟悉创业流程和步骤，提升创业者的实际创业能力；需要高校建立大学生创新创业孵化基地，以第二课堂的形式活跃校园创新创业的氛围，帮助学生将创业意识转化为创业行动。此外，在授课教师的选择上，可以聘请社会上成功创业人士做兼职创业导师，结合他们成功的创业经历来讲述创新创业类理论课程，丰富课堂教学内容。

学校在专业课程设置中加入了大学生创新创业实践课程，并通过课程嵌入的方式，促进专业课程在教学方式中的调整。同时，为了进一步推动大学生实践创新活动的开展，特别设立了大学生实践创新训练项目，以项目申报为依托，与专业理论课程学习形成互补，并通过奖励学分、专业奖学金评定等方式，鼓励大学生积极参与创新创业实践；此外，学校与行业龙头企业等合作，把教室搬到公司，创办“厂中校”，通过专业课程与企业项目进行课程互换、学分互认的教学设计，强化学生专业技能、提升学生的创新创业能力。

（三）形成创新创业闭环教学

创新创业教育要有效打通断层、构建闭环，就必须对教学环节、教育实施与效果评价进行系统的改进和重构，实现持续改进螺旋式上升等4个发展环节。利用创新创业类慕课、微课实现“课前—课中—课后—课外”创新创业教学全过程闭环，课前学生进行自主学习、查阅总结相关资料，课中进行创新创业教育，课后跟踪课中学习状况，课外开展创新创业技能竞赛、创新创业社团活动、创业实战等，创新创业导师全程指导学生，并将课后、课外内容融入课前课中，促进创新创业课程不断迭代升级。逐步建立完善创新创业评价指标体系，将过程进行科学评价与考核，并将考核结果及时反馈，形成过程与结果的闭环，促进创新创业教育不断发展升级。

(四)建立创新创业人才评价考核标准体系

1. 学生创新创业素质考核

更新课程考核方式、考核内容以及评价标准。考核方式由以往侧重对单纯理论知识内容的考核转变为注重对学生能力素质和创新创业因素等方面的考核;考核内容可重点选取能够激发学生们创新创业意识、激情,培养其创新创业能力等方面的实践活动内容;评价标准应融入双创因素的评价体系指标。加强对创新创业课程教学的过程考核,坚持过程性考核和结果性考核相结合,尤其注重过程性考核,采用教考分离的管理办法,统一考核标准进行考核。要根据课程实际情况,设计过程性考核和期末考核所占的成绩比例,一般情况下过程性考核成绩所占比例要高于期末考核成绩所占比例。在结果性考核时,为了保证考核结果的公平公正,有利于教学评价的科学、有效,实施教考分离的管理办法,把教学和考试分开,任课老师不参与所任课程的考核(包括出题、监考、评卷、登分和质量分析),这样更加有利于创新创业课程教学质量的提升。

强化融入创新创业能力因素的综合素质考核。在常规性考核学生们理论知识的同时,一定要强化其综合能力和素质的培养与考核。利用全新的考核方式,引导学生们提高自身的知识运用能力、分析解决问题能力、协作精神等,以实现知识、能力和素质全面协调地发展。

2. 地方本科院校创新创业质量考核评价

合理的评价机制是保证创新创业教育实践活动顺利开展的关键。建立合理的创业课程评价机制,既能积极为学生自主开展创新创业实践活动提供支持和帮助,也能充分激发教师实施创新创业教育的热情,促使学生和创业教育导师形成一种有效的合力,锻炼和造就出一批未来有所作为的创业者和创新型人才。应构建多维视角地从专家社会评价、上级行政相关部门评价、管理层评价、督导评价、同行评价、学生评价、教师评价等方面进行综合创新创业教育评价体系。

三、建立创新创业双导师制

要保证这个工程的良好实施,推进其向更深层次的发展,高水平的师资队伍建设是关键所在。教师作为创新创业课程的构建者及实施者、创新创业教育教学活动的组织者、教育理论的研究者,在开展创新创业教育中的地位和作用是不言而喻的。

（一）完善师资队伍建设的总体规划

创新创业教育是一门涉及教育学、管理学、心理学等专业学科的综合性教学活动，这就要求进行创新创业教育的教师具备多学科的理论基础，同时还要具备一定的创新创业的实践经验，这是高校开展创新创业教育的客观需求，也是提升学生的创新创业能力、培养创新创业人才的迫切需要。专业化的师资队伍的建设需要高校首先要立足于本校教师潜力的挖掘上。在教师的选拔上，高校可以选出来一批专业的教授及学科技术能力强的中青年教师作为创新创业教育的骨干教师，同时要在薪酬方面给予倾斜，以保证师资队伍的稳定性。另外，学校还要积极给青年教师学习深造的机会，鼓励他们走出校门，深入到企业和社会当中，去亲身体验企业的各项管理流程，积极参加各种社会实践活动，提升自身实践操作的能力。其次，各个高校还要制定专门针对创新创业教育的教师培养计划，并且从长远考虑把教师的培养纳入师资队伍建设的总体规划当中。再次，高校还要建立科学合理的教师的评价体系，评价体系要以创新为导向，符合学科的教学规律；规范教师的绩效考核体系，保证教师的投入和产出的相对公平，进而增强教师对创新创业工作的满意度和认同感。最后，在教师薪酬体系的构建方面，要考虑到薪酬结构、薪酬水平、薪酬晋升和薪酬管理的各个层面，物质奖励和精神激励相结合，充分发挥教师创新创业教育的潜能，提高其工作的积极性。

（二）加强教师创新创业教育理论培训

创新创业教育作为一个系统性工程，面对的是全校师生，仅仅依靠开展各种实践活动的形式提升教师的创新创业能力很难达到理想的效果。因此，创新创业教育还要注意对教师理论性的培训。创新创业教育作为一个综合性的教学活动，自然就要求作为传授者的老师要具备扎实的理论功底及高超的创新创业教学水平，对教师的理论培训旨在提高教师的理论水平。首先，可以聘请社会中的各类企业家、创业者以及领域里的专家来学校对师生进行讲课，用他们的亲身经历和实践经验来为师生讲述创新创业的过程及需要注意的问题、应该吸取的教训。其次，随着“互联网＋”时代的到来，网络的重要性不言而喻，因此要积极引导教师通过网络平台进行理论学习，充分利用优课联盟、慕课等精品公开课。这些课程的学习没有时间的限制，所以深受师生欢迎。

（三）引导教师树立创新创业的教育理念

现代教育注重学生创新创造能力的培养，把教育教学过程看作是一个启发、引导、培养学生创造力的过程。高校要想实现其知识性教育向创新创造性教育的转变，就要积极引导高校教师树立创新创业教育的教学理念，转变原有以书本为纲的教育思想，注重提升学生的社会责任感和创新创业精神及能力。首先，为了转变教师创新创业的理念，在教学实践过程中要有准确的定位，把创新创业教育作为一种专业的教育，在课程设置上以必修课加选修课的方式融入整个人才培养的过程当中。其次，对于与学生接触较多并对学生生活情况比较了解的辅导员老师来说，要有积极引导学生参加各种实践活动的意识，鼓励学生多动手、多思考，在潜移默化中培养学生的创新创业思维。再次，在教师的专业教育基础上，教师还要以发展的眼光看待每一位学生，相信学生的创新创业能力，积极挖掘他们创新创业的潜力，培养学生创新创业的基本素质。

（四）建立与产业界合作的专兼职师资队伍

创新创业教育不是高校的闭门造车型教育，它需要社会和产业界的支持和参与，是开放式的。因此，高校在进行师资队伍建设时眼光不能仅仅只放在校内，还要加强与外界的联系。一方面，学校可以聘请各类专家或者政府官员作为学校的兼职老师，建立一支专兼职结合的创新创业教育师资队伍，实现校内校外资源的整合。另一方面，对于兼职教师的聘任条件、聘任程序、薪酬奖金及教学内容等聘任机制还要进行严格的规范，兼职教师讲授的课程要对学生有具体的实践指导作用，例如创业的规划、创业的融资及相关法律知识等。另外，要加强“三师型”（理论型、综合型和实践型）师资队伍建设，其中理论型教师主要是侧重于创新创业教育相关知识的传授；综合型教师主要是偏重于创业精神和创业意识的培养，同时又在创新创业实践方面给予咨询及指导；实践型教师主要是让学生有时间的体验，促进其理论向实践的转化。建立校内创新创业导师和校外企业创新创业导师相结合的双导师制，实现了校内导师的理论知识和校外导师的实践经验的互补，打通了学校教育和社会教育的通道。双导师制的导师队伍由具备“双师”素质的校内教师队伍构成，同时从企事业单位聘请了一批经验丰富的行业专家、创业典型担任企业导师，弥补从学校到学校教师理论有余而经验不足的缺陷，为学生树立创业典型，为地方本科学生带来更直接的影响。

(五)加强与国外高校的交流合作

发达国家在建设高校创新创业师资队伍方面取得了很大的发展,也有着丰富的经验,创新创业教育也基本成了这些国家经济快速发展的原动力,在创新创业教师的培训、选拔、培养建设方面都有着丰富的实践经验,对我国的创新创业教育的师资建设具有借鉴意义。因此,各个高校要加强与国内高校及国外高校的合作交流。一方面,高校要加强校际的合作,在校际实现教师的互聘,这样就可以将有限的创新创业教育资源最大化,实现教师间的交流沟通,取长补短,也有利于提高教师工作的积极性。另一方面,在加强与国外高校的交流合作中要建立多样化的合作方式,通过建立创新创业教育的师资资源库来实现人才之间的合理流动。还可以通过国际访问、科研合作、讲学等方式,积极组织教师走出校门、走向国际,进行创新创业教育经验的交流,拓展教师的国际视野,在访问交流中提升自身的教学和科研能力。

创新创业教育必须走出课堂、走出校园,让学生有机会在真实的社会环境下,与社会需求进行对接,在实际的企业运行中得到实战锻炼。通过深化产教融合,建成形式多样、功能互补的校内外创新创业实训平台。

四、建立创新创业平台

建立完善的地方本科院校创新创业平台。一方面对创新创业硬件平台的研究,主要包括基础设施、仪器设备等,是大学生创新创业的基础条件;另一方面对软件平台的研究,主要涉及与硬件平台相比本身可能是无形却可以带来更重要作用的平台。支持创新组织机构,夯实政策支持保障,明确创新创业组织架构,提供创新创业条件保障,推进创新创业学院实体化进程,是高等职业院校创新创业教育常态运行和功能发挥的重要保障。地方本科院校创新创业平台建立和完善,可从搭建校政企学研平台、成立创新创业学院、搭建创新创业职场平台、建设校外创新创业实训基地等方面进行硬件与软件建设,为地方本科院校学生创新创业提供保障。

(一)搭建校政企学研平台

校政企学研平台的内涵是:地方本科院校、地方政府、行业企业、学科、研究机构五方以利益共赢为目标,以协同为合作方式,通过体制机制创新搭建一体化协作平台,相互结成一个深度交叉融合的利益共同体,以实现整体功能大于部分功能之和，进而在创新创业人才培养方面发挥最大的效用。为了给地方本科院校创新创业发展营造良好的氛围，应搭建校政企学研平台，地方本科院校与地方本科院校、地方政府、企业、学科、研究机构建立联系，推进多方共促创新创业发展，以更高水平、更深层次合作，立足于创新创业教育目标，对优势资源进行有效整合，实现资源充分共享。

建立协同工作委员会，该委员会的委员由校政企学研中具有地方本科教育、政府、行业企业的相关人员担任，负责制定创新创业人才培养的相关政策。

积极搭建校内外大学生创新创业的社会实践平台，首先需要高校积极争取地方政府支持，地方政府可以通过大学生创业园区建设，为大学生创新创业提供办公场地、工商注册、资金扶持、税收减免等方面的支持，弥补高校在创业方面力量与资金的不足；其次，高校应主动立足于服务地方经济与社会发展，了解地方经济与社会发展的特点，结合高校自身的学科背景与特色，与地方企业积极建设大学生创新创业实习实训基地，让学生能够实地考察、了解与所学学科相近企业的生产和管理，不断了解企业、行业的盈利规律、模式以及创业所需的技能与知识；再次，高校应鼓励教师积极开展产学研合作，将教师科研成果的转化融入学生的专业课程学习，并引入学生的创新创业实践中，帮助大学生形成创新创业的科研思维和目标。

探索校内跨院系之间的合作，打破院系界限，在较多的创新创业项目中，无论是纯科研类的，还是商务策划类的，都有可能涉及不同学生参加。创新创业团队的指导老师、学生都是来自不同院系、不同专业。

1. 政府层面

在政府层面，进一步加强支持高校学生创新创业的政策支持力度。

(1)设立高校学生创新创业计划，从国家层面对高校学生投身创新创业予以认可和必要的支持，对高校学生创新创业的相关税费给予优惠和减免等。

(2)引导高校合理整合社会资源，尤其是校友资源，通过创业基金、合作教育、合作基地等方式，形成持续的多元化投入体系，有效促进高校学生创新创业发展。

(3)在地方政府层面，可以从政策支持和资金配套两个部分来为该区域内高校学生创新创业提供支持，如设立区域内的高校创新创业资金池，区域内好的学生创业项目优先在本区域进行产业化发展等。

(4)在创新创业教育方面,在重点省份酌情创立创新创业教育二级学院,将创新创业内容融入现有教学体系之中,鼓励开展创新创业的学习体验,传播创新创业文化,培育创新创业精神。同时,借鉴美国在大学科技园设立创新创业扶持项目的模式,总结清华大学在设立创新创业基金等方面的探索,鼓励相关大学或国家级科技园设立大学生创新创业教育及扶持项目。

2. 高校层面

在高校层面,进一步完善高校学生创新创业的服务与支持。高校是学生从事创新创业的最直接的支持主体,需要为学生开展创新创业活动提供更好的环境。

(1)加强创新意识,鼓励学生从事创新创业活动。

(2)设立专门的部门负责学生创新创业活动的相关支持事务。

(3)开放校内的技术资源、设备资源,为学生开展创新创业活动提供必要的技术、资源的支持。

(4)设立和完善学生创新创业的教育课程、孵化机构。

(5)根据自身能力设立校友会创业基金或与企业联名设立创业基金等,为学生创新创业提供资金支持。

(6)具体到创新创业教育方面,建议有条件的高校与国际名校合办创新创业教育课程和项目,进一步完善高校创新创业教育课程体系;借鉴美国亚利桑那州大学颁发创业文凭的经验,试点对高质量的创业项目颁发创业文凭;鼓励创办中外合资创业大学,联通师资、教学、实习与实践,甚至早期风险投资等各个环节,实现创新创业人才的“全链条”培育;鼓励中外联合培养创新创业教育师资,通过海外进修、培训,或直接与国外创业大学、创业学院、培训项目建立合作关系等方式,联合培养国际化创新创业教育师资力量;还可充分利用互联网、大数据技术在模拟仿真教学方面的应用,提升创新创业教育的学习体验,通过在线课程、视频公开课等手段,促进优质创新创业教育课程资源的开放和分享,广泛开展启发式、讨论式、参与式教学,注重实践教学,实战学习,鼓励学生开展真实的创新创业实践,在实践中学习,不断提升知识运用能力,积累创新创业经验。

3. 社会层面

在社会层面,需要对高校学生创新创业有更多的宽容与支持。

(1)创新创业存在失败的风险,需要社会更加积极地看待高校学生创新创业。对于成功的案例应当更加理性,避免夸大宣传,误导学生对于创新创业的价值观出现误区;对于失败案例,也需要给予更多的宽容与鼓励,营造良好的创新创业的氛围。

(2)在鼓励高校学生创新创业的同时,需要做好学生创新创业的风险保障。比如,面向高校学生创新创业群体实施社会保险、医疗保险和失业补助等措施,设立心理辅导和引导基金,帮助创新创业失败学生重新就业或继续开展新一轮的创新创业等。

(3)进一步完善学生创新创业的社会辅助设施,包括众创空间、创业孵化基地、非营利的社会组织等,提升学生创新创业全链条的辅助与服务水平。

建立政府主导的政策保障机制。创新创业需要政府着力构建多种政策保障机制,为创新创业型人才的培养保驾护航。政府应充分利用宏观调控功能,发挥政策的指引作用,引导校政行企正确定位,分工合作,明确高校与企业行业在创新创业型人才培养中的责任与义务;同时采取税收优惠和资金扶持政策,减轻成本压力,调动学校、行业企业参与创新创业型人才培养的积极性。

建立规范有效的沟通协调机制。校政行企研多元协同的创新人才培养模式的建构是一个涉及多方的复杂的系统工程,要最大限度地发挥每个要素作用,沟通机制是重要的保障。高校如何获取行业企业的用人信息及专业需求倾向,行业企业应该为学生提供何种实习岗位等,都是需要各个主体沟通与协调。这就需要建立一个以政府为主导的能够汇集各方意见的机制,通过成立校企合作委员会等机构,沟通需求方与供给方,实现学校、政府和企业的紧密对接。

(二)成立创新创业学院

(1)成立创新创业学院,明确职责主体。创新创业学院是创新创业教育实施的组织主体,必须明确二级学院的主体地位和职责要求,并配备专门的领导团队和工作人员,赋予和落实相应的办学自主权,有序高效地推动创新创业工作的可持续发展。

(2)理顺管理归口,健全运行机制。创新创业学院一方面应优化职业院校内部组织架构,因为学生来自多个不同专业,存在典型的量多、面广、管理难的问题,必须要处理好和其他各分院及职能部门的关系,以便共同完成创新创业人才培养的既定目标;另一方面,应重点加强地方本科院校外部机构联系,借助校企合作平台统筹协调校外创新创业教育资源，如争取政府专项资金和各类招标项目，为学生创新创业提供更多实践锻炼的机会。

(3)加强制度建设，提供经费扶持。完善的管理制度和充裕的经费支持是创新创业指导服务体系构建的重要内容，也是判断一所地方本科院校是否重视创新创业教育的重要标准。创新创业指导服务支撑体系是为大学生创业提供保障的各种要素构成的有机整体，学校应在校内政策支持、联合地方政府引导社会资本、发挥学校产业作用等方面给予真正具有基础和潜质的大学生更多保障，积极促进大学生创新创业。

(三)搭建创新创业职场平台

“大学生创新创业孵化基地”是实施创新创业教育的好平台，在很大程度上促进了大学生创新能力的提升，也为创新创业打下了坚实的基础。

为鼓励和引导大学生创新创业，在校内搭建创新创业职场平台，学生不出校园便能进行真实的创新创业实践，降低创业者的创业风险和创业成本，提高创业成功率。科学有效地对创新创业职场平台进行运营管理，不断地打造高素质、高水平的运作团队，从制度建设、管理队伍机制、文化建设、成果转化、成果展示、开放分享、营销推广、技能培训、项目资助、项目激励等多个方面来进行完善，从根本上提升地方本科院校学生实现创新创业梦想提供更优质的平台。学校规划相应区域为学生创新创业职场平台，为入驻企业提供创业工作场所，为学生提供创业培训、创业指导、项目推介、启动资金支持等创业服务；创业企业定期进行项目选择与评估、公司运作危机处理、宣传方案策划等活动。学校为创业团队提供水电通信网络等必要办公设施，在房租等政策上给予优惠。职场平台具有研发创新、企业孵化、创业人才培养等功能。

建设和谐创新创业文化氛围。和谐的创新创业文化氛围是培养创新创业人才的前提，社会、企业和家庭应该支持和抚育在校学生的创业举措，鼓励大学生创新创业，形成浓厚的创新创业舆论氛围。地方本科院校应该依托学生创业社团，以创新创业大赛为动力，成立创新创业协会，开展系列创新创业活动，加大对成功创业典型和成功创业案例的宣传报道，点燃大学生的创业激情。强化大学生创新创业孵化基地的文化建设，从企业文化氛围的角度来进行系统化的组织项目管理，不断地提升大学生的综合素质。构建学习型的大学生创业氛围，引导学生对于最近的创业动态和创业走向进行深入把握，不断地强化他们对于具体行为的认知，将创业活动融入文化氛围构建之中去。总之，一定要将文化建设与活动项目有效统一起来，不断地强化就业实践能力。

建立成果转化机制。所谓的成果转化机制，更多地强调具体创新创业项目活动的社会实践性、落地性，体现社会价值，善于将抽象的思维转化成为有效的可操作的实践项目，最终以成果的方式真实地展现出来。不断地强化成果转化机制，大学生创新创业孵化基地应该将大学生的具体思路转化成为实践行为，为大学生创意思维提供可实践的思路和渠道，以此来不断地打通创业发展的渠道，这样能够有效地保证大学生创新创业实践效果的提升。

建立有效的开放分享机制。有效促进大学生创新项目的成效性，从根本上提升其与外界事物的联系，不断地促进基地建设的有效性和可操作性。以服务大学生创业为宗旨，为大学生提供研发、生产、经营所需场地及办公、通信、网络等设施，并在教育培训、信息咨询、政策保障、融资渠道等方面给予有力支持，以降低大学生创业的成本和风险，保证大学生创业企业的成活率和成功率。应该打造开放性的平台，积极地鼓励本团队走出去，参与国际化的交流和合作，不断地对大学生的视野、文化审美和价值感等要素进行有效的启发，从而强化他们综合素质提升，推动创业行为的顺利实现。

（四）建设校外创新创业实训基地

校外创新创业实训基地的拓展，通过拓宽渠道，整合社会资源，签约大学生就业创业基地，帮助学生更多地接触社会、了解社会、服务社会，从而在社会中历练并提高自身的综合素质。创新创业教育需要良好的社会系统环境的支持，高校加强与企业界的联系，有利于为更多学生进行社会实践提供实习机会，让学生能直观地了解企业，也有利于提高企业家群体对创新创业教育的支持力度。

第三节　创新创业人才培养体系的构建

随着我国进入经济新常态，经济结构、产业体系、市场主体等都在发生深刻变革。地方本科产教融合要以培养高素质应用型人才为目标，力求在人才培养模式中突出“四个结合”（结合理论知识与实践知识，结合专业教学和通识教学，结合专业教育与创新创业教育，结合价值引领和能力培养），建立符合时代需要、彰显职业特色的创新创业型人才培养模式，构建“意识培育、创业体验、实体孵化”的创新创业人才培养体系，如图 8-1 所示。

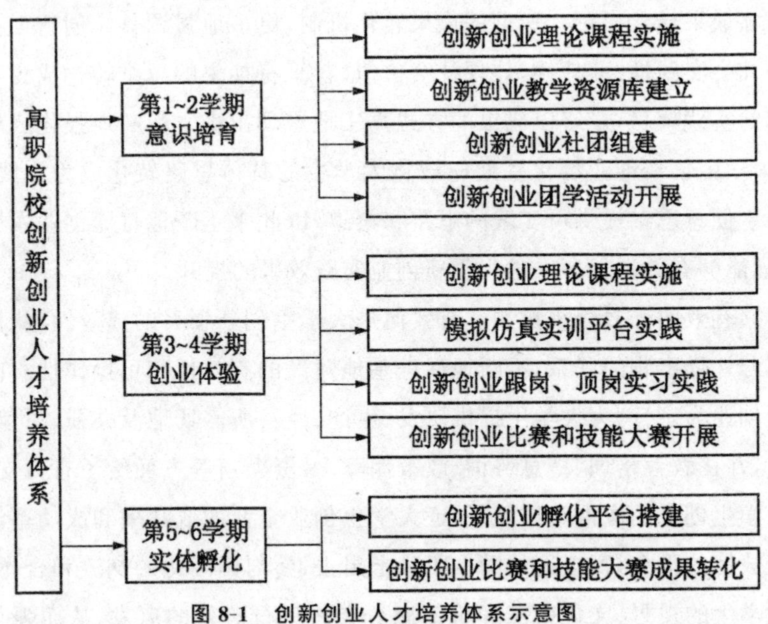

图 8-1　创新创业人才培养体系示意图

意识培育：基于“三业融合”构建创新创业理论教学体系，组建创新创业社团，开展创新创业团学活动，培养学生创新意识，开发学生创业潜能。第 1～2 学期，设置创新创业理论必修课和选修课，实施“三业融合”课程标准，创新教学方法和考核方式；建设创新创业教学资源库，实现“课前—课中—课后—课外”教学全过程闭环；组建创新创业社团，开展创新创业团学活动。

创业体验：实现创新创业从认知到感知，培养学生创业技能。基于“三业融合”构建创新创业实践教学体系，实现从“上课到上班”的转变，培养学生创新创业技能。第 3～4 学期，设置创新创业实践课程；开发模拟仿真系列实训课程，实现从“上课到上班”的转变；实施校外跟岗、顶岗实习，实现实习过程的创新创业技能培养；将行业标准、创新创业教育融入专业课程教学，激发学生参加技能比赛和创新创业大赛的内在动力。

实体孵化：打造校内创业职场平台，孵化学生创新创业成果。推动比赛成果转化为经营实体，引导学生开展实体创业经营，建立创新创业学分积累与转换机制，提升学生创新创业实际工作经验和能力。第 5～6 学期，推动学生将创新创业比赛和技能大赛成果转化为经营实体；引导学生进驻创新创业中心开展实体创业经营，给予学分奖励。

一、意识培育

创新创业教育被誉为“第三张教育通行证”。在十八大以来的两会政府报告中，“创新创业”词语被高频次的提及和高关注度的曝光，强调了创新创业的重要性，加快实施创新驱动发展战略，已经成为我国经济发展的必然选择；要千方百计地为创新创业提供良好的社会经济环境，为创新创业提供便利，营造公平竞争环境；大力发展创新创业空间，大力推动新技术在创业之中的普及，为创新创业提供了资金上的支撑和保障。党的十九大报告中更是提出了“提高自主创新能力，建设创新型国家”和“促进以创业带动就业”的发展战略。大学生是最具创新、创业潜力的群体之一。这要求高等教育必须全面创新，积极探索人才培养模式，大力推动实施创新创业教育，培养多样化、多层次的创新创业型人才。马克思主义的辩证唯物主义认为，意识是人的基本技能和本质属性，是处于社会关系之中的人对于客观世界存在的主观映像的反映。

意识的产生是人类行为的提前表达，创新创业意识是一种积极向上的意识，是人们进行创新创业实践的提前。因而，要进行创新创业必须先拥有创新创业意识。党的十九大对创新创业人才培养做出重要部署，国务院对加强创新创业教育提出明确要求。高校大学生作为创新创业的主体，社会发展和人才队伍的后备力量，投身创业行列中，无疑会壮大创业队伍，创造更多的就业机会，带动经济的发展，增添经济发展的新动力和新活力，更好地推动“双创”战略落地落实。因此，转变大学生的思想观念，让其自觉投身到创业实践当中，对于落实“双创”战略至关重要。大学生就业观念的转变和创业意识的形成，需要靠创业意识培育来实现。进行大学生创业意识培育，拓宽大学生的思维路径，转变其对于创业的认知，帮助其树立创新观念，激发对创业的兴趣，提高创业素质，增强创业的能力；使其积极投身创业浪潮当中，进而带动更多的人参与到其中，实现国家经济的转型升级。

当今世界的竞争归根到底是人才的竞争，社会的发展，对人才素质提出了更高的要求，创业意识就是其中要求之一。高校作为大学生创新创业意识培育的主导者，在这个高度竞争、机遇无限、跨越发展的时代，要想在改革浪潮中出彩，必须凸显以学生为中心的理念，把学生的需要作为高校改革关注的重点，进行大学生创业意识研究，探索大学生创业意识培育路径；必须转变发展理念和发展模式，促进高校创新创业教育改革。只有这样才能改革创新，激发大学组织蕴藏的无限活力，将高校打造为高水平、富有特色的大学。

正是因为创新创业者在创新创业实践者寻求自身能力和知识的不断革新和创造，内心的内在需要在不断提升，对于外界知识和事物在不断吸收其精华和营养，去除自身的糟粕与不足，获取自身内在能力的提升，个体的不断发现新事物，探索新领域，寻求新方法，为创新创业意识的产生创造了可能，为创新创业实践的成功提供了内生动力。创业意识是创新创业实践者在实践过程的心理状况。创新创业者进行实践过程中，面对未知领域与陌生环境，自身存在着恐惧与焦灼，对于处于破茧而出的新领域与新方法，其内心存在纠结与不安的情绪，而创新创业意识正是在这种心理变化过程中，对创新创业者进行实践提供强大的心理镇静剂，创新创业者做好了完整的心理建设，不再畏惧所要面对的一切，内心从容不迫，处置泰然自若。

创新创业意识是促进创新创业实践成功的内在驱动力，不仅是创新创业实践的充分必要条件。创新创业实践中需要创新创业意识为其指导与辅助，创新创业意识孕育于创新创业实践之中，又高于创新创业实践活动之上。创新创业实践者只有充分认识和理解创新创业意识的重要性和紧迫性，才能够将创新创业实践的成功提升到一个新的高度。创新创业意识是创新创业实践的领航员和指导员，如何选择创新创业的实践领域与范畴，怎样更好地抓住关键核心开展创新创业实践，都需要由创新创业意识进行指导。创新创业的实践过程，并不是一路平坦，道路艰难而曲折，机遇与挑战并存，如何在创新创业意识的指导下进行并取得成功，需要每一位创新创业实践者耐心细致研究与琢磨。

培育，顾名思义就是培养教育。新常态下，我们常常把人的创新性、创造性当作人类认识客观事物来看，因为我们主观地将人的创造性、创新性纳入我们的研究范畴。人的创新性、创造性不再是固化自在之物，而被看作是一种可以拿来创造新的生产力、新的物质资料的关键资源，备受关注，积极发掘。但当人的创新性、创造性长时间地存在于社会发展之中时，其逐渐发展成为创新创业意识，被人类所认同、熟知。创新创业意识是指人类站在现有认识范围之内对即将发生的形式的判断和思考，产生的从事创新创业实践活动的动机。它也是创新创业者对已有的信息、资源资料进行整合，推理判断而成的创新创业设想，是实现创新创业活动的重要组成部分。在进行创新创业实践活动中，创新创业意识是促使人们着手实践创新、创业的原动力，通过意识动机的作用产生对创新创业的渴求。大学生创新创业意识是指大学生对于创新创业活动所表现出的意向、愿望和设想，是一种特定心理状态。大学生基于对自我、所拥有的资源和社会现状的认识，立足自身发展需要，萌生创新行为，萌生从事创业行为的念头，通过意识动机的作用产生创新创业的渴求。

大学生创新创业意识培育是指帮助大学生转变观念，树立创新创业意识，提升大学生创新创业综合素养的实践过程。这是一个系统工程，不仅需要高校的教育培养，也离不开大学生对创新创业相关理论知识的学习和进行相关实践的锻炼。这里需要特别强调，进行大学生创新创业意识培育，并不是让每一个大学生都去创业，而是要培养学生的一种态度，帮助树立责任意识和坚定的理想信念，充分发挥创造性思维，积极发现并把握住新机遇、开创新局面，主动获得并增强成功创新创业所需的综合能力，能够用创新创业意识指引自身更好地学习、工作和生活，不断创造新的价值。在动机的驱使下，大学生将会主动寻求创新创业的机会，一旦机会成熟，那么他就可以实践自己的创新创业计划。创新创业计划的成果也会对大学生产生反作用力，成功的创新创业会使大学生增加信心和动力，提高对创新创业活动的积极性。创新创业意识的培育是一个不断积累、不断提高、渐进内化的复杂系统工程。创新创业意识的培育需经历萌芽、发展、壮大。

创新创业意识的培育，能够帮助大学生树立正确的就业观，发挥主观能动性，发掘内在的潜能，提高创新创业素质。加强大学生创新创业意识的培育是高校人才培养模式改革的内在动力。高校整合各种社会资源对大学生进行创业意识培育，引导大学生转变旧的就业观念，增强大学生创业意识，充分认识到创新精神和创业意识对全面成才的重要性；能够发挥自身主观能动性，积极参加相关创业实践活动。在实践过程中，能进一步掌握创业技能和知识，不断提高自身的素质，完善自我，实现其创业能力、个性和需要的全面发展。

（一）以培育大学生创新创业意识为基础，设立创新创业理念课程

明确创新创业课程体系的实质，创新创业课程的设置需要符合国家经济发展，与经济社会发展、国家战略布局相适应，坚持以人为本的理念，将促进人的全面发展作为根本目标，提升大学生的创新创业能力，培育大学生创新创业意

识。大学生创新创业教育是创新创业意识和创新创业价值的传授，传授过程是创新创业思想的碰撞和交流，创新创业思维的表达和理解，对创新创业实践活动成功与否至关重要，应以认真学习、对待。一是在大学生入学之初，应向学生规划具备自身特色的职业生涯课程，指导学生认清自己的未来发展定位，树立合理的价值观，明确自身的发展与社会价值需求、自身素质水平是否紧密相关，明确只有通过自身努力创新创业，才能获取自身的存在价值；二是应开展创新创业思维训练，通过模拟现实社会中的创新创业实践，磨炼自身对于创新创业中明辨是非、灵活多变的思维意识和能力；三是应树立创新创业榜样，通过走访、调研、对话创新创业的成功者，了解他们背后的创新创业精神，从而进一步激发大学生的创新创业意识。

（二）以夯实大学生创新创业理论为支撑，建立创新创业理论教学资源库

通过专业知识为核心，传授创新创业理论知识体系，帮助大学生掌握创新创业核心技能。如结合学校办学特色、学科布局、特色专业，打造具有本校特色的创新创业核心课程、创新创业实践课程，将其融入本校学生教学课程体系的每一阶段，潜移默化地渗透到日常教学之中，面向全体学生开展创新创业通识性、公共性课程，设计、制作创新创业学位、辅修课程体系，达到创新创业通识教育的目的；通过邀请校内外专家、创新创业实践成功者开展各类专业性强，结合度高的专业性创新创业优质核心课程，并聘请为专业的创新创业导师，形成长期的指导与教育。

（三）组建创新创业社团

加强大学生创新创业社团建设，引导扶持学生组建创业俱乐部、创业联盟等创新创业类社团组织。学生通过社团开展的创业讲座、创业沙龙、创业事迹宣传等创新创业教育活动体验创业过程，激发创新创业意识，培养创新创业素质，凝聚团队协作精神，提升组织管理及执行能力。建设创新创业校园环境文化，创新创业校园环境文化是创新创业文化中的环境文化，环境文化的建设来自校园基础设施建设的硬文化和校园文化活动开展的软文化。硬文化主要体现在校园环境的布置，如创新创业标语、雕塑的设置，创新创业的实验室开设、图书馆创新创业书籍的陈设等诸多广大学生看得见、摸得着的实物的创新创业文化载体；另外，软文化主要体现在校园创新创业比赛的开展，学生创新创业的

榜样在校园媒体的宣传报道等文化载体，共同为建设创新创业的校园环境文化做出贡献。

（四）开展创新创业团学活动

通过丰富多彩、形式创新的团学活动传承好创新创业精神。传承创新创业精神，要从加强学生的思想政治教育入手，以创新创业成功者为正能量教育，向大学生们讲述创新创业者的先进事迹和创业故事，鼓励广大大学生积极投身创新创业的事业中去，将自身对创新创业的热情和勇气转化为创新创业的精神品质。

二、创业体验

（一）通过课堂教学实施创新创业教育

第一，地方本科院校要合理安排创业课程比例和修习方式，并安排充分的学时保证学习的质量和效果。

第二，地方本科院校要针对不同学生进行分类别、分层次、分专业的差异化教学，注重引导，分类施教。

第三，创新创业课程的教学方式方法，注重学生的主动参与和体验性，将双向互动教学方式引入课程，鼓励学生进行讨论、互动和思考，例如，案例分析时进行小组讨论或角色扮演等。

（二）通过专业渗透实施创新创业教育

地方本科院校实施创业教育的一种重要形式是在专业课程的教授中渗入创业知识内容。这种课程形式要求针对不同专业及学生的特点，将创新创业课程或创新创业知识有机的融合到专业课程的教授中。教师可以借此提高课程的趣味性激发学生的学习积极性，并在无形中将创新创业意识和创新创业理念传达给学生。我国一些高校在这方面已做了有益的尝试，如武汉大学等，地方本科院校可借鉴其做法。这对专业任课教师提出了更高的要求，所以说优化教师知识结构、提高教师的业务素质和能力是关键。

（三）通过实践活动实施创业教育

创新创业实践活动课程是地方本科院校实施创业教育的另一种重要形式。在这方面，我国地方本科院校可以借鉴美国社区学院活动课程的丰富经验，从以下 3 个方面着手。

1. 嘉宾演讲、讲座、研讨会等形式的实践活动

地方本科院校可定期邀请与学院合作的企业的总裁、企业管理人员等以嘉宾或客座教授的身份讲授自己擅长领域的创新创业相关知识，分享交流创新创业实战经验、管理运营公司的经验、危机应对经验等，通过与学生的互动，启发其创新创业意识，鼓励创新创业行为。

2. 地方本科院校的创新创业技能大赛

加强大学生创新创业竞赛平台建设，开展创业计划大赛、创业实战大赛、创业体验大赛、企业经营模拟大赛等竞赛活动。实现创业设想与创业实践的结合，在竞赛过程中使参赛者在模拟创业环境下团结协作，综合运用管理、营销、财务等多方面知识，正确决策、科学管理、规范生产、有效营销，进行企业模拟运营程。地方本科院校可根据学院运营情况和专业设置状况，拟定创新创业技能大赛计划。比如，学院每年都在校内组织创新创业技能大赛，邀请经验丰富的企业家或企业管理人员担任导师和评委，对学生的创新创业计划进行指导，训练学生的创新创业思维，磨炼学生创新创业能力，并设置相关奖项，鼓励学生参赛。对于确有创新创业才华和创新创业实力，并获得院校奖项的学生，积极组织他们参加省级、国家级的创业计划大赛，对于切实可行的应用性强的优秀创新创业方案进行奖励或帮助推广、寻求企业资助合作走向产业化。在这个过程中提升学生创新创业素养和创新创业实践能力。

3. 以创业园、孵化园等实训基地为依托的实训活动

加强大学生创新创业基地平台建设，建立大学生创业实习基地、创业体验基地、创业孵化基地等。这是在现实环境下的创业实践平台，同时也是创业教育平台，是实践主体体验和积累成功经验的最有效途径，经过此阶段的体验，实践主体将在是否投身实际创业之间做出选择。地方本科院校应积极创建创业实习基地、实训基地，将创业实践课程与专业实践课程相结合，为学生提供与之配套的实践演练场所。例如，科技园、商业孵化器等，学生可在真实的创业环境和平台下，获得切实的创新创业体验和感受，这是磨炼创新创业技能和创新创业实践能力的根本途径。只有在真实的实训环节下，才能将理论知识运用到实践之中，学生才能获得尽可能真实的创新创业体验和感受，提升创新创业能力。

(四)通过校企合作开展创新创业教育

校企合作是地方本科教育开展成功与否的关键,它对于地方本科院校创新创业教育的开展同样具有重要意义和作用。地方本科院校要充分利用校企合作平台和优势,优化整合校企资源,与企业通力合作开展创新创业教育,联合开发创新创业课程,充分利用企业实训基地等训练提高学生的创新创业实践能力。

1. 积极将企业资源引进校园

学院可聘请管理经验丰富的职业经理人或自主创业成功的企业家担任兼职教授,丰富优化学院创业师资结构,他们可以将自己的实际经历运用于创新创业理论知识的讲授中,以更加直观生动的形式传递给学生,便于学生接收和理解。学院平时开展的创新创业讲座或创新创业技能大赛等活动,都可邀请与学院有合作的企业家或企业管理人员担任指导老师和评委,与学生交流创新创业经验,对学生的创新创业计划书进行指导,以自己的亲身经历为其提供建设性的意见。这些活动无疑会在无形中影响学生的创新创业意识和创新创业观念。此外,学院要积极引进企业科技园、孵化园等人驻校园,为学生的创新创业孵化项目提供真实的环境和实施基地,并与企业一起提供技术和资金支持以及其他优惠奖励措施。

2. 鼓励师生走进企业

学院和学生要抓住到企业进行创新创业实习的机会,将自己从学校学到的理论知识运用于实习工作中,在真实的世界和环境里磨炼自己的创新创业技能和创新创业实践能力。企业要为地方本科学院全职教师提供更多的在职培训机会和到企业实践的机会,提升专职教师的专业素质和实践能力,以使更好地胜任工作岗位要求,做到讲课言之有物,传递给学生的创新创业知识是实实在在的专业化的,而不只是纸上谈兵、流于形式。

可见,企业在创新创业教育中的重要意义和作用,实现双方互利互惠共赢合作,激发企业参与创业教育和创业课程开发的动力,进行深度的合作是重点和关键。

三、实体孵化

党的十八大提出了“实施创新驱动发展战略”和“促进创业带动就业”(简称

“双创”)的工作要求。“国务院关于深化高等学校创新创业教育改革的实施意见”(国办发〔2015〕36号)中着重强调:要以创新人才培养机制为重点,以完善条件和政策保障为支撑,促进高等教育与科技、经济、社会紧密结合,加快培养规模宏大、富有创新精神、勇于投身实践的创新创业人才队伍。鼓励各地区、各高校充分利用各种资源建设大学科技园、大学生创业园、创业孵化基地、众创空间和小微企业等创业基地,搭建各类高校创业孵化机构,作为师生创新创业教育实践平台,不断完善师生创新创业服务体系建设。“国家中长期教育改革和发展规划纲要(2010—2020年)”中将大学生自主创业问题列入重要内容,着重提出“大学生就业应在打工型向创业致富型就业方式转变中求突破”,以创业促就业,通过成功创业吸纳更多的大学生就业,掀起创业致富的热潮。建设大学生创业孵化基地,就是多渠道帮助解决大学生创业、就业难的有效途径之一。大学生创业孵化基地是以培育大学生创业意识和创业精神为宗旨,为大学生创业教育、大学生素质拓展提供载体的场所。2011年“国务院关于进一步做好普通高等学校毕业生就业工作的通知”(国发〔2011〕16号)中明确提出:“在充分发挥各类创业孵化基地作用的基础上,因地制宜建设一批大学生创业孵化基地,并给予相关政策支持。”在“教育部关于做好2011年全国普通高等学校毕业生就业工作的通知”中也明确要求,加快建成一大批高校学生创业实践和孵化基地。从国家文件中可以看出,建立大学生创业孵化基地是高校毕业生自主创业的一项重要内容,它将为大学生毕业后自主创业搭建一个行之有效的实践平台。

创新创业来自实践,执行实施于实践,其终于实践。实践出真知,创新创业的能力来源于实践,创新创业意识更是根植于实践。实践是创新创业的基础,在培育大学生创新创业意识中至关重要,大学生的创新创业实践需要搭建科学合理的创新创业实体孵化平台作为依托,不能仅仅将创新创业实践教育停留于理论书本。“实体孵化”模块的培养功能为提供校内经营性创业项目和场地,持续培育学生创新创业的成果。实现方法是组织学生进入校内经营性创业平台进行创业经营,建立创业导师制。为学生营造全方位的体验学习环境,让学生时刻处于创业的氛围中,帮助学生将创业的理论、原则与观念用于解决现实世界的问题,并在这个过程中获得知识与提升技能。我国一些高校就此开展了积极的探索。例如,结合实际构建“学生创业工作室、学院创业中心、学校创业园”三级联动的创新创业实践平台。

创新创业实体孵化平台的搭建是对地方本科院校的学生展开创新创业实战教育。地方本科院校通过创设实体孵化平台向创新创业团队传授理论知识，来提高学生的创新创业品位和创新创业技术。地方本科院校开展创新创业教育除了给予学生理论上的指导外，还着重培养学生的自主创新创业意识，增加成功比例。学校作为主导单位，由学生积极参与，以创建创新创业孵化中心为核心内容，通过校企合作、建设校内实习实训基地、建设创新创业孵化基地等构建一个创新创业实战平台，为地方本科专业创新创业项目实践的开展提供保障。搭建好校内创新创业平台，孵化创新创业实体，可以从以下4个方面入手。

(一)将原有生产性实训基地创建成创业孵化、技能实训和社会服务基地

1. 校内孵化基地

将生产性实训基地改建成校内孵化基地，成为学校创业教育的实践基地。主要是由学校提供实训场地、实训需用的设备以及为学生创设一种创业环境，让学生通过实践来培养其创业意识，从实践中提高自身的创业能力，同时使职业院校的创业教育得以实现。

2. 技能培训基地

将生产性实训基地创建成技能培训基地，目的是培养职业院校学生的实战能力。厦门市电子职业中等专业学校借校企合作和引入企业项目的教育模式来满足该校电子商务专业学生的学习，通过建设生产性实训基地，从实训基地的企业生产模式和实际操作来提升学生自身的专业技能，以实现职业院校学生毕业后与企业岗位零距离对接的目的。

3. 校园中的社会服务基地

将生产性实训基地创建成校园中的社会服务基地，为在校学生提供学习专业技能和实践培训的场所。此外，生产性基地还可为社会企业员工和社会有志青年提供一个培训场所，能够通过网络来带动更多的人进行网络创业。利用生产性基地还能够为社会中小型企业创设网上商店，用来销售物品，为社会经济的发展献出力量，同时利用与企业建立的友好关系还能够为在校学生和社会上的待职青年提供就业服务。

实体孵化平台的搭建是链接创新创业和教育的重要枢纽。在地方本科院校内的孵化平台上，能够使创新创业任务和教育任务并行推进，它的核心内容

就是在学习的过程中进行实践创业，在实践创业的同时又要进行不断地学习，两种交互融合，达到共赢的目的。

（二）审时度势，灵活应变

处于当前"双创"氛围较为浓厚的国内外环境下，搭建创业孵化平台是响应政策、顺应时局的体现。对于高校这一特殊主体来说，凡是投入人力、财力和物力搭建了平台，就应当竭尽所能维持平台的可持续发展。可惜的是，在"双创"氛围中，高校对政策资源的利用和时局的把控，经常具有滞后性、片面性和盲目性，无法与其他创业孵化平台主体相抗衡。因此，高校应当在全面分析把握时局的基础上，充分利用好各种政策，特别是能为高校所用的政策资源。并不是所有有关"双创"的政策都能够为高校所用，在搭建平台的过程中应有专业部门或工作人员负责收集相关政策，并有针对性地筛选出来进行细致分析，归类出哪些政策可以直接适用，哪些政策需要经过校内政策响应才可以适用。如可以直接适用的政策，理应及时与相关政府部门进行对接，寻求获得政策的解读和资源享用；如需要校内政策响应的，学校内部理应及时协调处理，为各层级政策在校内的适用提供便利。总之，在时局把控和政策利用上，高校要争取做到主动出击、及时回应和灵活应用。

（三）整合资源，共享成果

高校可利用的资源虽然很丰富，但是如果无法整合资源，最大限度利用好可利用的资源，无疑将使高校在创业孵化平台搭建的过程中丧失其应有的优势和独特的主体地位。不管是教育资源、教师资源、学生资源，还是其他资源，能否得到最有效利用，需要统筹考虑、有的放矢。比如，在创业导师团队的组建上，高校拥有各个专业的专家学者，完全可以组成一支知识全面、经验丰富的导师团队为创业者提供服务；法律咨询和财会服务方面，可以调动比较有实战经验的教师或学生为创业者提供帮助；创业培训方面可以展开多样化的培训方式，如创业沙龙的交流互动、创业基地的定期培训、创业研究院的课程教授等。此外，注重引导创新过程的多方协作和创新成果的共享，尽可能释放创新能量，使创新成果受益面最大化。在创新创业过程中，完全可以打破专业或校区界线，实现跨专业和跨学校合作。创新创业与高校其他的竞赛比赛不同，不能仅仅看重比赛成绩的归属问题，更值得推崇的是创新创业的社会效应。因此，高校在搭建创业孵化平台的过程中，理应是整合各方资源和力促多方主体共享创新成果。俗话说,兴趣是最好的老师,那么兴趣也是创新创业的关键。课外创新创业资源的整合和构建是建立在以国家、省市大学生创新创业基地、国家、省市创新创业孵化园、高新技术企业、创新创业公司为基础的课外兴趣拓展平台。通过组织广大学生参观、交流,认识和了解校外创新创业实践的发展状况,激发学生的兴趣和热情,营造尊重创新、鼓励创业的积极向上的交流机制。高校应加强与校外企业、行业以及相关政府机构部门的合作、交流,鼓励广大教师、学生到专业平台进行创新创业实践,结成协调创新创业中心,共享创新创业资源,协同创新创造。

(四)打破常规,勇于创新

对于高校来说,创新创业最为关键是如何将校内的科技成果推向市场或者转化为生产力。由于高校体制的特殊性,导致很多的科研成果无法转化,甚至“夭折”在校园里。高校内部的创新创业科技成果,是由高校提供技术条件、国家投入研究经费、发明人投入创造性劳动产生的,具有不成熟性、不稳定性和非产品属性,很难直接在市场上交易,无法认定为资产。高校或政府部门对职务发明人一般是多给点科研奖金,这无法与发明人的创造性付出形成正比。同时,成果的所有权属于高校,承担科研项目的教师和学生属于体制内工作人员,很难调动科研人员将科研成果转化的积极性。因此,在保护好科技成果知识产权的基础上,应该打破常规,尝试着调整科研成果的所有权控股比例和放开科研人员的身份归属性。鼓励科研人员以技术入股,大胆加入创新创业团队。创新创业教学实践平台为基础,建立以大学生为群体,以学校实训场所为基地的“大学生创新创业基地”。在各个学科专业实验室的基础之上,配备专业的创新创业指导导师,设置符合创新创业项目训练的实验课程、实验体系,培养大学生创新创业实践能力。在大学生创新创业实践组织、运作、管理、教学上发挥独特的优势,充分发挥学生创新创业的自主性,激发创新创业潜力,将被动式的创新创业教育方法转变为主动式的教育方法,让广大学生能够亲自参与到成果转化的创新创业中去。创新创业实践训练项目为载体,组织大学生积极申报省级、校级创新创业实践训练项目,通过项目申报、项目设计、项目撰写、项目答辩、项目结题等环节,让学生能够独立自主地进行思考创新创业过程,以问题为导向,通过项目导师指导,解决项目训练中的问题和困难,注重实践过程,充分调动学生的主观能动性,并应给予相应学分、奖金支持,鼓励广大学生参与。

参考文献

[1]黄艳．产教融合的研究与实践[M]. 北京:北京理工大学出版社,2019.

[2]王凤领．地方本科高校产教融合应用型人才培养研究[M]. 北京:中国水利水电出版社,2020.

[3]汤晓燕．基于产教融合背景下的创新创业人才培养探究[M]. 北京:煤炭工业出版社,2018.

[4]刘红梅．新工科大数据人才培养模式研究[M]. 北京:中国农业大学出版社,2018.

[5]赵文廷,张蓬涛．新工科专业人才培养质量管理体系:术语和基础[M]. 北京:科学出版社,2020.

[6]赵旭,索浩,王丹．"新工科"背景下产教融合教学模式实践研究[J]. 航海教育研究,2020,1(37):10-12.

[7]蒋学华,陈佩江．地方高校面向"新工科"建设的人才培养模式探讨[J]. 临沂大学学报,2018,12(6):108-109.

[8]赵聪慧．新工科背景下产教融合的机遇与挑战[J]. 内蒙古科技与经济,2018,12(23):9-10.

[9]陈卓然,华振兴．新工科背景下独立学院产教融合多方协同育人模式改革与实践[J]. 吉林省教育学院学报,2019(7):86-88.

[10]刘鑫桥．新工科建设、产教融合与产业转型升级[J]. 地方本科教育探索,2018,2(1):2-3.

[11]师洪涛,杨旭英,郭永萍．以产教融合为指导的工科专业课教学方法改革的探讨[J]. 当代教育实践与教学研究,2020(4):152-153.

[12]华婷．高校"产教融合、校企合作"的困境及出路[J]. 中国高校科技,2017(11):56-57.

[13]林健．面向未来的新工科建设[J]. 天津中德应用技术大学学报,2017(4):

23-24.

[14]柳友荣,项桂娥,王剑程．应用型本科院校产教融合模式及其影响因素研究[J].中国高教研究,2015(5):65-68.

[15]王宇平．地方应用型本科院校“产教融合”模式探讨[J].教育现代化,2016(8):93-95.